本学术著作获江西理工大学清江学术文库出版基金资助

本学术著作系江西省教育科学"十三五规划"重点项目（19ZD045）研究成果

新时代
大学生科学信仰培育研究

柳　丽◎著

XINSHIDAI
DAXUESHENG KEXUE XINYANG
PEIYU YANJIU

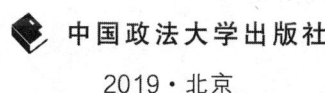

中国政法大学出版社

2019·北京

图书在版编目（ＣＩＰ）数据

新时代大学生科学信仰培育研究/柳丽著. —北京：中国政法大学出版社，2019.12
ISBN 978-7-5620-9450-0

Ⅰ. ①新⋯　Ⅱ. ①柳⋯　Ⅲ. ①大学生－信仰－研究－中国　Ⅳ. ①G641.2

中国版本图书馆 CIP 数据核字 (2019) 第 300893 号

出 版 者	中国政法大学出版社
地　　址	北京市海淀区西土城路 25 号
邮寄地址	北京 100088 信箱 8034 分箱　邮编 100088
网　　址	http://www.cuplpress.com (网络实名：中国政法大学出版社)
电　　话	010-58908285(总编室) 58908433（编辑部）58908334(邮购部)
承　　印	保定市中画美凯印刷有限公司
开　　本	720mm×960mm　1/16
印　　张	10.5
字　　数	160 千字
版　　次	2019 年 12 月第 1 版
印　　次	2019 年 12 月第 1 次印刷
定　　价	42.00 元

第一章 科学信仰培育的时代追问

信仰体现人们对某种对象、主义和学说坚定不移的信赖和始终不渝的追求。"信仰不仅是人类精神活动的一个重要方面，是人类社会生活的一个重要内容，而且是人类之区别于动物的一个重要特征。"[1]信仰同人类社会相伴相随，在不同的历史条件下，人们拥有各种不同的信仰。各种信仰形态互相影响、相互作用，构成了人类信仰的多元图景。在这多种信仰形态中，需要科学信仰作为人类生存的精神支撑和奋斗的精神旗帜。"马克思主义信仰是一种崭新的信仰，它的产生是人类信仰史上的伟大变革。"[2]在人类信仰发展历史上，各种信仰的产生都对人类社会产生一定的影响。马克思主义信仰的产生对人类信仰发展产生了重要影响，改变了信仰发展的方向，也提出了科学信仰培育的重要话题。

科学信仰是社会科学领域的重要议题，它不仅是学术界关注的焦点，还是日常生活中人们津津乐道的话题。科学信仰之所以能够成为人们关注的热词，是由于多重因素的助推作用。人们很容易把精神生活颓废视为科学信仰的迷失，对物质生活的极度追求视为缺乏科学信仰，把一些共产党员的贪污腐败归结为缺乏共产主义信仰。诸种问题的存在，为科学信仰培育提出了重要的历史课题。科学信仰培育是信仰科学化的重要基础，也是新时代大学生确立科学信仰观的重要途径。我们必须从历史和现实的角度考察科学信仰培育的必要性，明确科学信仰培育的本质、功能，为科学信仰培育的顺利开展提供条件。

---

[1] 刘建军：《马克思主义信仰论》，中国人民大学出版社1998年版，第1页。

[2] 刘建军：《马克思主义信仰论》，中国人民大学出版社1998年版，第1页。

新时代大学生科学信仰培育研究

一、科学信仰培育是时代的必然

人类文明程度越高，也越需要信仰作为精神安宁的根本。信仰作为人对自身生活意义和价值目标的深层追求，体现了对理想信念的科学把握，构成了价值观的灵魂。科学信仰是人类生活的精神引领，决定人类行为的价值取向，影响和制约人类以什么样的社会心态去开创人生，因而它对于人类社会生活、个体成长和社会发展具有根本的引导作用。坚定科学信仰是人类关注的重要问题，是世界性的重要议题，也是坚定社会主义方向、保持社会平稳发展的关键。科学信仰培育是坚定科学信仰的重要途径，对新时代的大学生开展科学信仰培育是信仰发展的时代必然。

（一）科学信仰培育的时代迫切性

重视对科学信仰问题的关注是时代的迫切需要。我们生活在一个科学技术日益发达，并愈加广泛地运用于物质生产和社会生活的新时代。随着科学技术的发展，人类由被动依附于自然变成有目的、自觉地改造自然。科学技术在人类社会生产中日益显示出巨大威力，使得人们很难合理评估科学技术的力量。于是，人由过去的崇拜外部自然转变为对人自身的盲目崇拜，对人的理性的无限推崇。科学技术的发展，也导致了人与自然关系的日趋紧张。人类进入 21 世纪以来，随着科学技术的发展，人的行为的社会化程度空前提高，人的行为的社会效应逐渐彰显，人对自然界的盲目征服引发了自然界的狂怒，因而全球性的生态环境问题严重威胁人类的生存发展。严峻的现实促使人们过度运用科学技术征服自然的幻想破灭，迫使人们重新思考科学技术的作用、使用限度和使用范围。现代科学技术的发展，呈现出人与社会日益交融的特点，科学技术的人文底蕴和社会影响日益显示，科学技术的人文价值也日益彰显。人类基因密码的破译、克隆技术的发展，都把科技发展引发的道德问题展示在世人面前，进而提出了对科学技术本质的重新认识和对科学信仰培育的时代追问。

经济全球化的发展，使市场经济的有效性得到了充分展示。没有市场经济就没有现代工业文明的发展，也就没有科学技术的进步。然而，由于市场经济的利益驱动性，在调动人们生产积极性的同时，也促使了人们私欲的膨胀。在市场经济条件下，人们的物欲满足体现为对财富的无限追求，并以抽

— 2 —

象的货币形式体现。对物欲的过度追求会影响人们的情感世界，阻碍人们的精神交流和沟通，影响了亲情和友情的维系。对物质财富的片面追求，也会促成消费主义的盛行。在这种情况下，人们往往用过多的消费来弥补精神的空虚。拜金主义、享乐主义思想日益发展，功利主义思想渗透到社会生产的各个方面。社会物质需求和精神追求的分裂，使整个人类文明的发展出现了不平衡态势，整个人类文明将会导向物质方向。人类文明发展的不平衡，势必使社会发展方向迷失，社会发展的道路受到阻碍。

今天的我们处在一个社会纷繁复杂多变的新时代，一方面，人们的生活目标和价值取向更为多元，因为现实世界的诸多困惑使人们很难形成统一的价值观念和价值目标，一些人在外界环境影响下容易产生怀疑主义、相对主义，不能理性处理人生的各种困惑。另一方面，新时代又要求人们具有明确的生活态度，能够做出科学的人生选择。新时代的人们愈加需要一个精神目标的支撑，能够在复杂多变的物质世界中寻求一个灵魂皈依的精神家园。于是，人们渴望理解生活的本质，需要一种精神的定力，科学信仰培育问题再次被提起。如果缺乏科学信仰的支撑，人生将缺乏动力源泉，生活将失去目标方向，因此无法更好地适应纷繁复杂的社会矛盾和复杂多变的社会生活。总之，21 世纪以来，经济全球化的不断发展，科学技术的日新月异，生存竞争的日趋激烈，社会局势的复杂多变，这样的时代特征使得人们对精神家园的渴望更为强烈。科学信仰培育在新时代得到人们的关注，也提醒人们需要以更加理性的态度面对科学信仰。

（二）科学信仰培育的现实需要性

纵观人类社会发展历史我们可以得知，在社会转型时期，科学信仰的选择成为当时的人们更为明确的人生追求。在特定的历史时期，只有科学地选择信仰，才能促成信仰功能的充分发挥。新时代的中国正处于社会转型期，就一般意义而言，社会转型就是社会生活各个领域、各个层面的整体性变革，当然也包括文化的转型。根据中国的历史经验，社会转型主要是指由过去政治主导的单线结构，统一整合为政治、经济和文化等诸多要素互相依存、相互影响的整体性结构。具体而言，主要是指还原经济的本质属性，进而成为文化发展、政治构建的基础，发展社会主义先进文化，进而为人们的生活建构提供理想图景。以经济建设为中心、大力发展社会主义市场经济的经济战略的实施，在中国经济建设取得举世瞩目的成就的同时，也促使人们的精神需求日趋多元化，还对文化发展提出了高要求。如果文化发展被市场经济消融或束缚，陷入在经济利益至上的价值理念之中，不仅文化的独立性难以实现，文化和经济也将无法更好地融合发展。如果文化无序地发展，必将使文化失去继续存在和发展的权利，也无法为人们提供生活意义和理想目标。人永远无法停止对生活理想和人生意义的探索与追求，而且这种对人生理想的追求是与社会发展程度成正比关系的。当社会发生急剧变化时，人们更加需要一种理想目标彰显生活意义，更需要一种精神力量的强力支撑。这种需要是客观存在的，也是任何力量都无法阻止的。在新时代，由于物质生活的日益丰富，人们的精神领域出现了诸多问题，一些党员干部甚至放弃了对共产主义的信仰、对社会主义的坚定信念，科学信仰的培育因此显得尤为重要。

改革开放四十多年的发展，各种文化不断传播和发展的同时，也促进了中国传统文化的继续发展。各种文化交织碰撞，呈现出错综复杂的局面。这些文化都在不同程度地给人们提供对生活理想和人生意义的思索。各种文化交流碰撞扩展了人们信仰选择的范围，加大了人们信仰选择的困难，增加了人们的心理困惑，从而既提出了科学信仰培育的现实需要，又为科学信仰培育工作的开展提供了重要条件。信仰是文化的核心，也是对时代价值观念的彰显，而科学信仰培育是解决人们信仰问题的重要途径。因此，可以说科学信仰培育是社会主义文化建设的核心要义，也是转型期人们更为关注的重要理论问题。

科学信仰培育是解决当前高校重知识传授、轻情感培育的现实需要。长期以来，科学信仰培育工作主要在学校实施，也存在一系列问题。一些学校侧重于科学知识的讲授，忽视人文精神的培育、人生意义的引导，无视受教育者的身心特点，从而使教育成为制造"工具人"的重要方式。教育对象是具有丰富情感、人生追求和鲜明个性的独特个体，而我们的学校教育工作却往往忽视受教育者的这些特点。在就业选择方面，一些大学生也往往倾向于选择新时代比较热门的专业，较少考虑自己的兴趣爱好、个性特长。在课程学习方面，一些大学生只重视专业课程的学习，忽视对人文学科的掌握，从而使得部分大学生缺乏崇高的理想追求和一定的社会责任感。科学信仰培育属于人文精神教育，是使人成为高尚人的教育，理应成为新时代大学生的必修课程。实施科学信仰培育工作是理论工作者的重要任务。当前，我国高校教育的内容主要包括知识教育、道德教育、思想政治教育，等等，这些教育多以传授知识为主，一定程度上忽视了情感培育。任何教育都不能代替科学信仰培育，科学信仰培育需要采用新型教育方式，以马克思主义信仰教育为主要内容。科学信仰培育是融知识教育、道德教育和政治教育于一体的综合教育，发挥着塑造人的灵魂、引领人的思想的重要作用。卡耐基指出："一个没有信仰的人就如同一艘没有航标的生命之舟，它不知道自己将驶向何方。"[1]马克思主义作为科学信仰，具有强大的功能，构成社会主义意识形态教育的重要议题。无论是领导干部、普通党员、人民群众还是青年学生，只有坚定马克思主义信仰，才能确立崇高的社会理想，进而为实现社会主义建设任务而努力奋斗。青年学生只有确立马克思主义信仰，才会自觉学习科学文化知识，提高自我的实践能力，并自觉按照共产主义的道德要求不断规范自己的行为，从而不断提高自身的综合素养。

科学信仰培育是廓清科学与信仰关系的内在需要。科学是对社会现实是什么、为什么等实然性问题的回答，信仰则解决了为什么的应然性问题。科学面对现实，满足于人的物质需要，具有一定的理性因素。信仰直面未来，给人心灵慰藉，具有理性与非理性的统一性。科学是知识体系的综合体现，而信仰则是价值体系的灵魂，代表了个人意志。科学与信仰具有对立统一的关系，科学离不开信仰，科学研究的前提是坚信，并以坚定的信念完成科学研究任务。坚信世界的无限美好、这个世界的可被认知性以及事物发展遵循客观规律性，没有对这些观念的信仰，就不会存在科学研究，没有科学研究也将无法传承发展科学知识，人类将无法进步发展。同样，科学信仰也离不开科学，科学是产生科学信仰的基础，缺乏科学为基础的信仰将无法更好地发挥精神慰藉的重要作用。科学与信仰对立统一的关系，内在地规定着科学教育与科学信仰培育的关系。科学教育是科学知识、科学方法的传授，通过科学培育给予人面对人生的本领，使人成为综合性的人才。科学信仰培育是对科学的价值观念的传播，使人确立崇高理想、坚定革命信念，具有崇高的思想境界。科学信仰培育能够使人科学认知所处的客观世界，了解自己和世界的关系。科学信仰培育能够使个体实现其社会化过程，真正成为一个特定社会中的一员，为社会所吸纳。科学信仰培育还可以使人明晰自己的责任义

---

[1]　[美]戴尔·卡耐基著，刘津译：《挑战人性的弱点》，学林出版社2000年版，第86页。

务，明确生存的价值和意义。在新时代，我们所倡导的科学信仰培育以马克思主义信仰为核心内容，马克思主义的理论性决定了科学信仰培育的内在力量源自严密的逻辑推理、科学精神的培育。无论科学教育还是科学信仰培育，教育的理念都提倡以人为本。科学教育与科学信仰培育的密切相关性，决定了科学信仰培育成为新时代以培养人才为主要任务的教育事业的重要组成部分。

科学信仰培育为青年学生提供了与社会发展规律相一致的科学合理的价值观。科学信仰培育可以促进人格的塑造、人性的培养和思想境界的提升，而价值观则对人的道德选择、道德评价具有直接的指导意义。人确立何种信仰，则会对价值观的形成产生深刻影响。信仰是一个思想体系，体现了对客观世界、人生价值的评判。一个人一旦接受了某种信仰，就意味着他接受了某种价值观，并具备了是非善恶的评价标准。同时，科学合理的价值观的形成离不开信仰。信仰是知情意行的高度统一，表达了人对周围世界和人生境遇的一种相对稳定的态度。一个人一旦确立了某种信仰，就会对世界和人生呈现出稳定的情感倾向。党员干部如果具有坚定的信仰，自然会保持正确的政治立场和高尚的道德品格。青年学生如果具有坚定的信仰，自然会具有崇高的精神追求。通过科学信仰培育，增强新时代大学生对马克思主义的认同感、对共产党的信任感，进而坚定走社会主义道路的信心。唯有如此，才能使新时代的大学生把握人生方向，抵制各种诱惑，在复杂多变的社会环境中做出正确的选择，并为社会主义现代化建设做出应有的贡献，进而实现自我人生价值。

中国共产党高度重视科学信仰培育工作，在社会主义革命和建设的过程中积累了科学信仰培育的丰富经验，这些都为新时代大学生科学信仰培育工作的顺利开展提供了理论指导和实践经验。共产党只有坚定理想信念，才能具有强大的精神动力和坚定的意志。在改革开放之初，邓小平强调指出："为什么我们过去能在非常困难的情况下奋斗出来，战胜千难万险使革命胜利呢？就是因为我们有理想，有马克思主义信念，有共产主义信念。"[1]邓小平还指出："有理想、有道德、有文化、有纪律。其中我们最强调的，是有理想。"[2]

---

〔1〕《邓小平文选》（第3卷），人民出版社1993年版，第110页。
〔2〕《邓小平文选》（第3卷），人民出版社1993年版，第190页。

邓小平这样阐述我们建设社会主义事业，最终是为了实现共产主义，如果"没有这样的信念，就没有一切。"[1]共产党员如果动摇了根本政治立场，就会偏离科学的方向，进而失去了先进性本质。共产党员需要确立共产主义远大理想，为建设中国特色社会主义而努力奋斗。实践证明，如果忽视科学信仰培育，那么将对社会主义理想信念的确立产生一定影响。经历"文革"的十年后，人们对科学信仰培育有了更为科学的认识，科学信仰培育工作也随着改革开放的深入推进而逐渐步入科学化的轨道。开展对青年学生的马克思主义信仰教育，使之成为他们的价值追求和精神支柱，进而坚定社会主义信念。

二、科学信仰培育的实质

教育本质上是对社会精神文化和行为文化的传承，以解决个人发展和社会发展的矛盾为根本宗旨。信仰作为最深刻的精神现象，它直接来自人的自我意识。教育是一种外在的形式，而信仰则是人内心深处最深刻的精神现象。科学信仰能否通过教育来确立，曾经是一个众说纷纭的重要议题，受到社会各界的关注和热议。教育内涵的发展、教育方式的革新，为科学与信仰的有效结合、科学信仰培育工作的顺利开展创造了有利条件。

（一）科学信仰培育的实质

科学信仰培育实质上是一种科学的观念教育，是使人成为高尚的人的教育。科学信仰培育把人视为可以尊重的个体，提倡以科学的方式引导人，使人超越自我、实现发展。这一教育理念是在尊重人性的基础上，实现文化化人、思想化人的过程。科学信仰培育理念的确立，以人的存在的绝对性和人的类特性为前提条件，"人的独特性和其生活世界的独特性是不可丧失的，也是不可让渡的。否则，人就被他人或社会力量异化了。"[2]人的存在的独特性决定了科学信仰培育需要采用特定的方法。科学信仰培育是使人高尚的教育，能够促进人的德、智、体诸多方面得到全面发展，使人具有崇高的理想追求，明确生活的意义，进而脱离低级趣味。这也同马克思阐述的生命活动的本质相契合："一个种的全部特性、种的类特性就在于生命活动的性质，而人的类

---

〔1〕《邓小平文选》（第3卷），人民出版社1993年版，第190页。
〔2〕石中英："人作为人的存在及其教育"，载《北京大学教育评论》2003年第2期。

特性恰恰就是自由的有意识的活动。"[1]人的这种类特性体现了人的生命价值，表明每人都具有崇高的价值理想、价值追求。心理学家马斯洛认为，人的自我实现和对真善美的追求是人的健康生活的基本保障，如果这样的目标无法实现，人就会心灵空虚，内心也会极度狂躁，生活也将失去了意义。科学信仰培育就是通过各种教育方式，不断超越时代背景、社会条件和社会阶层的限制和制约，使个体关注生命意义，追求人格尊严、实现崇高理想，进而成为一个自尊、自立和自强的自由人。科学信仰培育是把个体的全面发展作为追求的价值目标，保障人生拥有自由、人生具有意义和人们生活幸福。

科学信仰培育基本理念，是以承认人存在的客观事实和人类特性为根本因素。科学信仰培育作为对人的教育，是以尊重人的决定性存在为前提。科学信仰培育实质上是培育人的自由意志，文化的延续发展性又决定了科学信仰培育的面向未来性。人生的有限性赋予科学信仰培育以独特价值，人存在的独特性又规定了科学信仰培育的方式方法。科学信仰培育属于高层次的人文教育，它旨在促进受教育者思想境界的提升、理想人格的塑造以及社会价值的实现，其实质是涵养人文精神，使人成为德、智、体诸方面全方位发展的综合性人才。最高的要求是使人成为一个具有崇高理想的道德人，因此科学信仰培育也是最为高级的成人教育。人具有自由自觉性，人在改造客观世界的实践活动中不断提升自我的精神世界。人的精神自由是人类特性的表现，没有对美好世界的主观设计，人也将不具备改造客观世界的自由状态。人在追求人生价值的过程中，内在地具有自己的价值预设、价值追求和价值理想，也意味着人的价值追求由人的生命本质所决定。科学信仰培育实质是通过教育使人类个体关怀人格尊严、生命价值和崇高理想，在超越社会、自然和时空有限性等因素的基础上，成为一个具有高尚情怀的人。科学信仰培育通过把马克思主义作为信仰这样一种更为高级的教育，把受教育者的精神养成作为价值目标，进而促使人生充实、幸福和快乐。

科学信仰培育体现教育主体具有最高意义的精神追求。李德顺认为："信仰是人们对于极高的或者最高的、普遍的价值的信任、信赖和追求。……人不能没有信仰。人的精神生活、精神生命一定要有自己的信仰作为支撑和归宿。……信仰使人的活动以最高信念为核心形成了完整的精神导向，用信仰

---

[1] 《马克思恩格斯全集》（第42卷），人民出版社1982年版，第96页。

调动各种因素为它服务。"〔1〕张曙光认为："信仰是人们对某种主张、主义和价值理想的极度信服和尊崇,寄托着人的精神最高的眷注和关怀。"〔2〕万俊人认为："信仰是指特定社会文化群体和生活于该社群文化条件下的个体,基于一种共同价值目标期待之基础上,所共同分享或选择的价值理想或价值承诺。"〔3〕科学信仰培育的主体是在特定文化群体下的个体呈现,必须具有崇高的精神追求和价值旨归,强调对信仰对象的心灵关怀和价值引领。

科学信仰培育表征教育主体的一种生活方式和生活态度。信仰具有明确的指向性,体现对生活的追求。刘建军认为："信仰是人们对其认定体现着最高生活价值的某种对象的始终不移的信赖和执著不渝的追求。"〔4〕赵建华认为："信仰是指人们对某种思想、理论、学说、主义的信任和尊崇,……它是一个人做什么不做什么的根本准则和态度。"〔5〕信仰体现一种对生活追求的态度,即通过"对于某些尚未被实现和证实的客观状态或观念的确信。"〔6〕科学信仰培育的主体具有崇高的理想追求,对某种主义、学说和理念极度尊崇,代表了一种积极乐观的生活态度和健康健全的生活方式。

（二）科学信仰培育的特征

科学信仰培育同其他类型的教育具有根本的不同,具有自己的特殊性。只有了解信仰的特点,才能更好地做好科学信仰培育工作。科学信仰培育与其他类型教育的显著不同点就是信仰培育的主体,需要具有一定的信仰意识、信仰行为。在社会主义新时代,对人的主体性要求更高的历史条件下,进行科学信仰培育有助于提高人的自由选择能力,促进人的自由发展,并呈现出以下特征。

第一,科学信仰培育的目的是培养具有自主意识、自觉行为的信仰个体。人生处处充满了选择,科学信仰培育需要正确面对信仰个体的自主性和个体

〔1〕 李德顺："谈谈中国人的信仰方式",载《辽宁大学学报》（哲学社会科学版）2012 年第 1 期。

〔2〕 张曙光："'信仰'之思",载《学术研究》2000 年第 12 期。

〔3〕 万俊人："信仰危机的'现代性'根源及其文化解释",载《清华大学学报》（哲学社会科学版）2001 年第 1 期。

〔4〕 刘建军：《马克思主义信仰论》,中国人民大学出版社 1998 年版,第 1 页。

〔5〕 赵建华：《人生定位原理》,知识出版社 2005 年版,第 101 页。

〔6〕 冀哲："信仰问题研讨综述——全国社科院系统哲学所长会议侧记",载《哲学动态》2002 年第 8 期。

性。荷兰哲学家斯宾诺莎认为人的信仰是可以选择的，由于人的习惯各不相同，人容易具有不同的信仰。信仰是不能强迫的，它的确立要以主体的自觉意识为基础，是人们自主选择的结果。科学信仰培育就是培养具有自主意识、自主行为的信仰个体，使人在多重选择中做出明智的判断。在社会主义市场经济条件下，科学信仰培育就是提高人的自主选择能力，促进人的个性形成和自由发展。人生时刻充满选择，教育的过程可视为对文化的传承和发展历程。但是，在相同的历史条件下，当人们面对丰富的知识和多样的信仰形态时，信仰的自主选择性远远超过对知识的选择。信仰作用的发挥以人的自由自觉性为前提，因此信仰不能强迫。信仰的确立体现了人们的自由选择性，以人的自主意识为基础。

第二，科学信仰培育是包容性和引导性的统一。科学信仰培育是在允许多重价值观交流碰撞的基础上，通过科学信仰培育对人们的价值观进行引导。科学信仰培育的包容性是在坚持马克思主义主导地位基础上的包容，承认社会存在多元的价值观、多样化的信仰客体，并对不同的生活方式、价值追求采取包容的态度。引导性就是从多元化的价值观念中抽出必然性的内容作为主导，用它来引导人们向着崇高的理想目标而奋斗。改革开放四十多年的发展，中国经济取得了令世人瞩目的成就。但是，新观念、新思想却不断涌现，又因为不同民族、不同地区在政治、经济和文化等方面存在差异，因此必然会产生不同的思想观念。正是因为多元价值观念存在的现实，科学信仰培育工作被提上日程。在多种价值观念并存的情况下，科学信仰培育还必须坚持科学的引导方向。科学信仰培育的特征要求信仰教育必须正视客观情况，坚持正确导向，科学处理社会问题。同时，还要在坚持马克思主义的指导下，分析比较各种社会思潮，增强科学信仰培育的时代感。在坚持马克思主义指导地位的基础上，容许不同社会思潮的存在，对不同思想观念采取包容开放的态度。科学信仰培育是塑造人的灵魂的系统工程，人类的精神是自由的，对现实具有超越性。只有以开放包容的心态面对多元的价值观念，合理引导人们做出正确的选择，才能促使马克思主义信仰逐步深入人心。要坚持科学引导与批判融合的统一，实现人的思想自由，进而促进科学信仰培育目标的实现。

第三，科学信仰培育具有科学性和价值性的统一。科学性是对事物真理性的反映，回答"是什么"和"为什么"的问题。价值性反映事物的有用性，是对人的行为的评价。科学性是指在信仰教育过程中，要采用科学的方法、确立科学的思维方式，以满足社会发展、遵循社会发展规律为前提。价值性是指信仰教育要符合人的本质属性，能够提升人的精神境界，赋予人们追求幸福生活的权利。不是所有科学性的东西都能得到人们的认可，人们还需要从自身需要出发对其进行选择，也不是所有创造出的东西都具有价值性，还要从符合目的性方面对其进行客观审视。价值性是事物神圣性的体现，是人性化的表征，体现了信仰与其他思想意识的不同之处。马克思主义是科学性和价值性的有机统一，是科学的信仰体系。科学信仰培育涵盖了科学性和真理性两个层面的内容，是两者的有机统一体。教育的最高境界就是呼唤灵魂、回归本真，科学信仰培育就是提升道德人格、提高人的尊严，等等，使人的行为取向符合社会发展规律，离开了这些，科学信仰培育将失去真正意义。

第四，科学信仰培育具有长期性、复杂性和艰巨性。信仰作为一种精神现象，有着自己特定的本质、特点、作用以及不同的评价标准。由于信仰本身的复杂性、深刻性和多样性，它既是一种价值观，更是人们预设的某种精神机制。因此，信仰的形成、发展和变化不是直线式的，而是曲折起伏、跌宕变化的。社会主义市场经济的发展促发一部分人对物质利益的盲目追求，使一部分人的精神家园无所皈依。所有这些，都无疑加大了科学信仰培育的难度。这也决定了我们在进行科学信仰培育的过程中，需要根据不同的教育对象，因地制宜、因人而异地综合采取不同的教育手段，交替使用各种不同的教育方法。由于人的思想的发展变化性，决定了科学信仰培育不可能一蹴而就，而是需要循序渐进地加以推进。当然，反复教育不是机械地重复教学内容，而是需要不断改善教育方式，不断地熏陶、感化和陶冶受教育者，并逐渐强化教育内容，进而实现预期的教育效果。从个体的人的发展角度讲，人的一生都要不断接受各种教育，信仰教育只是其中的一个重要方面，而且需要贯穿终生。

信仰是价值观的灵魂和核心，是最为深刻的精神现象。因此，科学信仰培育是触及人的灵魂的教育，是对一定的社会成员开展的价值观念的教育活动。个体的人在科学信仰培育的影响下，形成不同的价值观念、人生追求，感受生存的价值和意义。没有对生命的敬畏和尊重，将无法安放灵魂，而没有灵魂，人生将无所皈依。从教育的作用来看，科学信仰培育的作用具有间接性、长久性。信仰具有稳定性，人的信仰一旦形成，对人生目标的确立、科学信念的形成以及人生实践活动都会产生一定的影响，从而成为人的精神支撑。人的任何思想都会不自觉地受到信仰的影响，但相比个人的实践活动，信仰毕竟具有间接性，因此，科学信仰培育效果的彰显需要经历一个过程。拥有科学信仰，会使人生充满激情，人生幸福快乐，进而不断地走向卓越。

三、科学信仰培育的功能

"信仰是人类的一种重要的精神活动，它在人类的生存和发展的活动中发挥着巨大的作用。"[1]信仰反映信仰主体的情感、意志和精神追求等诸多方面，人的价值观念、思维方式和行为方式，都会不觉然地被镌刻信仰的印记，无意中受到信仰的统领和支配，并彰显信仰的特定功能。实施科学信仰教育是时代的必然，是彰显信仰功能的重要方式。卡耐基指出："一个没有信仰的人就如同一艘没有航标的生命之舟，他不知道自己将驶向何方。"[2]

（一）科学信仰培育为社会成员设定特定的道德原则和行为规范

作为社会成员，人们一开始面对的都是既定的生产关系和社会关系。通常而言，当人们遵循某种行为准则时，自然会认同社会的道德规范，并通过自己的思想行为来加以检验。道德规范体现了人们对人类社会公德的继承和发展，它是信仰的具体化、细微化。在人类社会发展的不同阶段，人们总是为了特定的信仰而设定一定的道德原则和行为规范，并通过教化的方式督促人们去践行。资产阶级社会存在以人为中心的理性信仰，肯定人的自我意志、自我价值，以及人的利己性和享乐性。以人为本的理性信仰为资产阶级设定出个人主义、享乐主义的道德原则，道德规范的无序与物质生活的繁荣呈现出二律背反的态势，其结果正如18世纪法国哲学家爱尔维修所言，没有一个学者会公正无私地爱好真理，每个人都把真理视为通向荣誉的条件，把荣誉视为获得金钱的阶梯，而把金钱看作获得人生愉快感觉的手段。共产主义信仰为社会成员设定了具体的道德原则和规范，这就是集体主义情怀、爱国主义观念和公正无私理念，等等。共产主义信仰对人的行为的有效引导，对人的价值观念的科学引领，都是通过集体主义的道德原则加以实施。科学信

---

〔1〕 刘建军：《马克思主义信仰论》，中国人民大学出版社1998年版，第144页。
〔2〕 ［美］戴尔·卡耐基著，刘津译：《挑战人性的弱点》，学林出版社2000年版，第86页。

培育就是要采用多种方法，根据预设的道德原则，不断规范人们的思想行为，使之朝着科学合理的方向发展。

（二）科学信仰培育为社会成员设定一定的道德评价标准

在不同的时代背景下，道德都是评判社会成员行为合理与否的重要标准，一定的道德体系总是把各种行为分成肯定的和否定的两种形式。任何社会成员的个体行为都会在无形之中接受道德的评判，人们也会因此形成正确或者错误的认知观念。在不同的时代，由于信仰的内容不同，因而形成了不同的道德评价标准。恩格斯指出："善恶观念从一个民族到另一个民族、从一个时代到另一个时代变更得这样厉害，以致它们常常是互相直接矛盾的。"[1]从道德发展的历史看，为了追求权威性和神圣性，道德总是同信仰联系在一起，通过信仰确立起各种行为的评价标准。信仰在吸收各种道德观念的同时，也对道德行为进行了评判。凡是符合信仰本质的行为，在道德上就是善的，反之，就是恶的。在特定的时代，由于某一信仰体系具有深刻的影响力，那么，不同社会成员的生活方式、思维方式和价值取向等无不被特定的信仰所统摄。因此，由信仰体系设定的道德评价标准对信仰主体无疑是非常适用的，同时也对非信仰主体也会产生一定的作用。信仰主体在这种道德评价的影响下，对各种价值观念进行比较分析，遵从科学信仰培育的基本规律，做出科学合理的人生选择。

（三）科学信仰培育构成社会道德教育的精神动力

个体道德意识的形成、道德情感的培育，必须以某种精神力量为支撑。社会道德教育旨在促进个体道德品质的形成，促进个体知、情、意、行诸方面协调发展。当然，社会教育的作用是外在的，这样的道德化人作用离不开信仰的力量。科学信仰培育对人的社会规范的形成具有决定性的意义，它是思想化人、行为化人和文化化人的综合。信仰具有的对精神生活的规范性、人生价值的导向性以及社会主体行为的约束性，等等，体现了信仰的重要功能，以及具有的重要社会作用。科学信仰培育需要综合考量这些因素，明确行为主体在信仰确立和巩固的同时，无疑会提升自我的道德意识、培育自我道德情感，从而焕发出强大的精神力量。

---

〔1〕《马克思恩格斯文集》（第9卷），人民出版社2009年版，第98页。

信仰作为人的存在方式和本质特征，它萌芽于人类能动地改造世界的客观物质活动。在社会实践活动中，人们往往根据自己的需要、爱好和能力去设立行动目标、预设活动结果，进而产生了对信仰的诉求。人为了更好地生存下去，需要不断劳动，信仰意识因此得以产生。信仰在人的精神世界中占有非常重要的地位，它是指向社会未来、构建人生目标的一种精神机制。信仰是人类的精神家园，科学信仰培育就是使人确立科学的信仰，并在科学信仰的引领下走向精神自由的历程。信仰是否建立在科学知识的基础之上，是判断信仰是否科学的重要标准。马克思主义者对人的现实的终极关怀，对社会发展规律的科学把握，对人的全面自由发展的坚定追求，体现了马克思主义信仰的崇高性。人的全面发展并非是纯粹的个人理想，而是重要的社会理想，是与生产力高度发达、物质产品极大丰富和旧式分工被彻底消灭的共产主义社会形态紧密联系在一起。这种社会形态是生产力高度发展的必然结果，对个人而言，"个人的全面发展，只有到了外部世界对个人才能的实际发展所起的推动作用为个人本身所驾驭的时候，才不再是理想、职责，等等，这也正是共产主义者所向往的。"[1]人只有通过社会实践活动，才能从自然关系、社会关系和自身发展的禁锢中解放出来，进而促进人的自由全面发展目标的实现。一种信仰是否具有科学性的重要标准还在于能否科学处理个人与社会的关系。马克思主义者所追求的人的全面发展的崇高理想，体现了人与社会关系的高度和谐。人的全面发展的崇高理想是科学的人生价值观的深刻体现，展示了人解放自己、发展自己和完善自己的一种情怀。

马克思主义信仰是科学信仰培育的核心要义，为人生辨明方向、为社会发展提供精神指引。科学信仰作为一种理想远景、价值追求，必然与社会现实发生一定的联系。以某种信仰作为精神支柱的人对现实世界的态度是消极还是积极，取决于信仰拥有的科学力量。马克思主义信仰为人们确立了一个科学的信念，世界从来没有什么救世主，创造人类幸福的生活完全靠我们自己。马克思主义不仅具有思想启蒙的品格，还具有动员社会力量、指导社会生活的现实性品格。马克思主义信仰是科学的理论和现实社会实践运动的有机结合，是真善美的和谐统一。马克思主义信仰成为一种推动人们前行的强大精神动力，是一种支持我们砥砺前行的精神支柱，也是凝聚人心的精神旗

---

[1]《马克思恩格斯全集》（第3卷），人民出版社1960年版，第330页。

帜，它培育了无数具有高尚革命情怀的知识分子，也促进了更为科学合理的制度的构建。马克思主义信仰是对科学真理的尊崇与信服、对未来理想社会的追求和向往，为未来社会发展指明了方向，在社会实践中显示出巨大的力量。马克思主义的这些特征使之内在地具有科学性，也自然构成科学信仰培育的主要内容。建立在科学知识基础上的马克思主义信仰，不能依靠局部的社会实践活动确立，其形成要以科学的世界观、方法论和人类的科学成果为基础，深受人类的社会实践活动、知识储备和实际能力的制约和限制。马克思主义信仰的确立需要科学信仰培育活动的展开，需要不断探索科学信仰培育的合理性、可能性和方式方法，通过科学信仰培育，使人的全面发展成为人类崇高的理想追求。

新时代大学生信仰教育问题已经成为党和国家、社会及学界非常关注的重要议题。胡锦涛在全国加强和改进大学生思想政治教育工作会议上所做的《切实加强和改进大学生思想政治教育工作》的讲话中指出："大学生的思想政治状况、道德品质、科学文化素质和健康素质如何，不仅直接关系现阶段中华民族的素质，而且直接关系未来中华民族的素质。特别是大学生思想政治素质如何，更是直接关系到党和国家的前途命运。要使大学生成长为中国特色社会主义事业的合格建设者和可靠接班人，不仅要大力提高他们的科学文化素质，更要大力提高他们的思想政治素质。切实加强和改进大学生思想政治教育工作，培养造就千千万万具有高尚思想品质和良好道德修养、掌握现代化建设所需要的丰富知识和扎实本领的优秀人才，使大学生们能够与时代同步伐、与祖国共命运、与人民齐奋斗，这对于确保全面实施科教兴国战略和人才强国战略，确保我国在激烈的国际竞争中始终立于不败之地，确保实现全面建设小康社会、进而实现现代化的宏伟目标，确保实现中华民族的伟大复兴，具有重大而深远的战略意义。只有真正把这项工作做好了，才能确保党和人民的事业代代相传、长治久安。"[1]2004年中共中央、国务院颁发《关于进一步加强和改进大学生思想政治教育的意见》，明确提出加强和改进大学生思想政治教育的主要任务："以理想信念教育为核心，深入进行树立正确的世界观、人生观和价值观教育。要坚持不懈地用马克思列宁主义、毛泽东思想、邓小平理论和'三个代表'重要思想武装大学生，深入开展党的基本理论、基本路线、基本纲领和基本经验教育，开展中国革命、建设和改

---

〔1〕《十六大以来重要文献选编》（中），中央文献出版社 2006 年版，第 635 页。

革开放的历史教育，开展基本国情和形势政策教育，开展科学发展观教育，使大学生正确认识社会发展规律，认识国家的前途命运，认识自己的社会责任，确立在中国共产党领导下走中国特色社会主义道路、实现中华民族伟大复兴的共同理想和坚定信念。"[1]2005 年中宣部教育部颁发《关于进一步加强和改进高等学校思想政治理论课的意见》，指出要实现提高大学生思想政治素质的战略目标，首要问题就是引导大学生树立科学的信仰。2011 年中共中央在推动文化大发展大繁荣的决定中，强调指出："青少年是祖国的未来，要加强青少年思想道德建设，紧紧围绕引导广大青少年树立正确的世界观、人生观、价值观这个重点，构建学校、家庭、社会紧密协作的教育网络，动员社会各方面共同做好青少年思想道德教育工作。"[2]2013 年，习近平在同社会各界优秀青年代表座谈时指出："广大青年一定要坚定理想信念。理想指引人生方向，信念决定事业成败。没有理想信念，就会导致精神上'缺钙'。"[3]党和国家政府对信仰问题的高度重视，反映了科学信仰培育的重要性。信仰是一个国家、民族和个人的精神支柱，信仰的形成根源于时代发展、社会结构的变迁。信仰问题的产生是现实社会经济、政治、文化以及个体社会境遇相互影响、互相作用而形成的一种精神现象，社会环境对人的信仰的形成发挥重要作用。大学生的信仰问题归根到底是对社会其他成员信仰问题的反映，折射了人们所处的社会经济、政治和文化发展状况。因此，研究新时代大学生科学信仰培育问题，必须置于全球化、信息化的世界背景，联系中国市场经济的发展背景。同时，也需要思想理论工作者协同推进、共同行动，这也是顺利推进科学信仰培育的时代必然。

一、中国社会的转型

当今中国正处于社会转型期，全球化浪潮风起云涌、信息技术飞速发展以及市场化的发展趋向，逐步改变了人们的信仰选择，构成新时代大学生科学信仰培育的环境因素。中国社会的转型和古代历次王朝变革不同，也和世界上其他国家已经经历的现代化进程不同，中国社会转型包含更为丰富的内

---

〔1〕《十六大以来重要文献选编》（中），中央文献出版社 2006 年版，第 180 页。

〔2〕《胡锦涛文选》（第 3 卷），人民出版社 2016 年版，第 65 页。

〔3〕《习近平谈治国理政》，外文出版社 2014 年版，第 50 页。

容："一是经济体制转型，即从指令性计划经济体制向社会主义市场经济体制转变；二是社会转型，即从以农业为基础的传统农业社会向工业和服务业为主导的现代城市社会逐步转变，同时还正在向以知识为基础的知识社会加速转变；三是政治体制转型，即从传统中央集权政治体制向社会主义民主政治体制转变；四是开放转型，即从封闭、半封闭经济社会向建立开放经济和全面开放社会转变。"[1]在全球化浪潮和信息革命的影响下，中国社会的转型对中国人精神家园构建的影响广泛而深远，对中国的政治、经济、文化等方面造成了严峻挑战，也构成新时代大学生科学信仰培育新的时空环境。

（一）全球化浪潮的兴起

全球化在今天已经成为深刻影响国家发展、社会变迁的社会历史现象。今天的全球化并没有越出马克思所规制的全球化框架。马克思虽然没有明确提出"全球化"，但马克思以其极其敏锐的眼光对全球化进行了深入系统的论述，形成了丰富的全球化思想，奠定了今天全球化发展的思想基础。在《德意志意识形态》中，马克思这样论述："大工业通过普遍的竞争迫使所有个人的全部精力处于高度紧张状态。它尽可能地消灭意识形态、宗教、道德，等等，而在它无法做到这一点的地方，它就把它们变成赤裸裸的谎言。它首次开创了世界历史，因为它使每个文明国家以及这些国家中的每一个人的需要的满足都依赖于整个世界，因为它消灭了各国以往自然形成的闭关自守的状态。它使自然科学从属于资本，并使分工丧失了自己自然形成的性质的最后一点假象。"[2]在《共产党宣言》中，马克思深刻阐述了资本主义对全球化的影响："一切固定的僵化的关系以及与之相适应的素被尊崇的观念和见解都被消除了，一切新形成的关系等不到固定下来就陈旧了。一切等级的和固定的东西都烟消云散了，一切神圣的东西都被亵渎了。人们终于不得不用冷静的眼光来看他们的生活地位、他们的相互关系。"[3]马克思认为由于资产阶级对世界市场的开拓，使得所有国家的生产和消费紧密联系在一起，原来国家之间封闭的状态被打破，整个世界因为资本而紧密相联。马克思的全球化思想奠定了人类社会历史逐步转向世界历史的理论基础，人类的生产活动、贸

---

〔1〕 尹继佐：《当代文化论稿》，上海社会科学院出版社 2006 年版，第 17 页。

〔2〕《马克思恩格斯文集》（第 1 卷），人民出版社 2009 年版，第 566 页。

〔3〕《马克思恩格斯文集》（第 2 卷），人民出版社 2009 年版，第 34~35 页。

易交往、科技发展和文化交流等领域不断越出国界，正日益迈进经济互促、相互影响的全球化时代。20 世纪以来，中国也不自觉地融入了全球化浪潮，构成科学信仰培育的重要环境因素，在全球化视野中分析科学信仰培育工作就具有了时代必然性。

第一，全球化为科学信仰培育工作带来了前所未有的机遇。全球化为科学信仰培育工作带来的机遇具有宏观而深远性，需要我们理性思考。特里·伊格尔顿在《马克思为什么是对的》这篇文献中这样论述："有一种盛行的观点认为，马克思和他的理论已经可以安息了——在世界资本主义体系刚刚经历了有史以来破坏性最强的金融危机的背景下，这样的观点更显得格格不入，滑稽且可笑。"〔1〕面对全球范围内的资本扩张，以及社会弥漫的不安情绪，李慎明指出："贫富差距的拉大和国际金融危机的深化，进一步引发着全球社会动荡加剧。从发达国家到发展中国家，从欧洲到中东、北非再到亚洲、拉美，社会不安情绪弥散，广大发达和发展中国家的广大民众对资本主义普遍不满，大规模街头抗议增多，极端政治事件频发，不少国家政局不稳，全球社会动荡风险明显上升，这些导致出现一个值得关注的亮色，就是马克思主义的学说在全球重新得到重视。"〔2〕马克思在《共产党宣言》中论及的世界经济一体化、技术进步等，今天已经广泛地呈现在世人面前。经济全球化的发展并没有改变资本主义的实质，没有解决资本主义制度的内在矛盾。随着资本主义管理方式的调整，资本剥削的能力和空间大为拓展，资本主义在全球化的进程中激发了新的矛盾。伴随资本在全球范围内的扩张，经济危机、金融危机在全球局部地区爆发，这些危机生动证明，无论哪种形式的资本主义很难改变资本主义的运行规律、无法克服生产社会化与资本主义私有制之间的深刻矛盾，无法消除资本扩张同全球贫富分化的并存现象。马克思当年对资本主义经济危机爆发原因的论断，同 2008 年美国金融危机爆发的深层次原因具有一定的契合性，从而证明了马克思对资本发展规律的科学论断。这些危机的存在对西方普通民众尤其青年人的人生境遇产生了深远影响，他们深切体

---

〔1〕［英］特里·伊格尔顿著，李杨、任文科、郑义译：《马克思为什么是对的》，新星出版社2011 年版，第 2 页。

〔2〕李慎明："全球化背景下关于国际国内形势的相关思考"，载《国外理论动态》2011 年第 12期。

会到了生存危机，人生信仰问题成为青年人的关注焦点。

由于资本引发的危机为我们进行科学信仰培育工作提供了良好契机，它有助于更好地引导大学生全面分析西方现代化的优劣。资本的本性决定了资本全球范围的扩张、社会财富的两极分化，以及全球范围内的不公平现象的存在。现代文明从本质上看具有科学性、民主性和自由性，等等，但同时也存在个人主义、享乐主义和消费主义。资本主义的危机可以使新时代的中国大学生深刻认知资本的运作和发展规律，更清醒地认识到西方所宣扬的价值观的弊端。在理性分析西方现代化进程的基础上，中国大学生必将全面了解西方资本主义制度，重新审视中国的价值观念、马克思主义理论的强大威力，从而科学预测中国未来社会美好的发展图景。在此基础上，新时代的大学生才能进一步体会社会主义制度的优越性，坚定社会主义信念，坚定走社会主义道路的信心。同时，思想理论工作者要利用全球化浪潮提供的文化交流机会，大力宣传我们的马克思主义信仰，促进全球范围内对马克思主义中国化的深入了解，让更多的人明晰马克思主义的科学性、价值性，深刻启示世界无产阶级要联合起来，为共产主义运动的开展贡献力量。

第二，全球化对科学信仰培育工作造成了严峻挑战。在全球范围内分析科学信仰培育，需要在理解全球化实质的基础上，深刻认知全球化浪潮对科学信仰培育工作造成了哪些挑战。全球化起源于经济领域，是由西方发达国家主导的资本在全球范围内运行的经济现象，因为劳动力、资本在世界范围内的流动，"使一切国家的生产和消费都成为世界性的了"[1]。经济全球化不仅是一个经济运动过程，还伴随着文化发展，"政治、法、哲学、宗教、文学、艺术等的发展是以经济发展为基础的。但是，它们又都互相作用并对经济基础发生作用"[2]。由于经济在社会发展中的基础作用，它的发展变化必然影响政治发展和文化变革，因此，全球化在经济领域的发展必然引起意识形态领域的斗争。由于政治、经济和文化的相互影响，使得思想文化领域的冲突变得严峻、全球化发展图景变得更为复杂，对科学信仰培育工作造成了无法回避的挑战，需要我们深刻思考。

---

〔1〕《马克思恩格斯选集》（第1卷），人民出版社2012年版，第404页。
〔2〕《马克思恩格斯选集》（第4卷），人民出版社2012年版，第649页。

（二）市场经济的深刻影响

社会主义市场经济打破了市场经济属于资本主义、计划经济属于社会主义的固有观念，确立了社会主义也可以搞市场经济的理论观点。邓小平在反思中国传统计划经济体制的基础上，借鉴了当代西方经济学的合理因素，逐步形成了社会主义市场经济理论。恩格斯在《反杜林论》中指出："一切社会变迁和政治变革的终极原因，不应当到人们的头脑中，到人们对永恒的真理和正义的日益增进的认识中去寻找，而应当到生产方式和交换方式的变更中去寻找；不应当到有关时代的哲学中去寻找，而应当到有关时代的经济中去寻找"。[1]马克思恩格斯在《神圣家族》中也这样阐述："'思想'一旦离开利益，就一定会使自己出丑。"[2]大学生科学信仰培育需要考虑当代中国的社会关系和人民群众的经济利益，受其影响和制约。因此，分析社会主义市场经济发展对新时代大学生科学信仰培育的影响，是促进大学生科学信仰培育工作顺利开展的重要议题。

改革开放以来，社会主义市场经济在中国政府的支持下得以飞速发展。市场经济打破了原本的计划经济模式，是促进我国经济快速发展的重要原因。市场经济的开放性、竞争性和实用性是一把双刃剑：一方面，市场经济本身固有的竞争特性，培育了人们开拓进取的精神品格、自立自强的精神气质，这在一定程度上促进了社会主义经济的发展，为社会主义带来新的气象。另一方面，市场经济追名逐利的本性促进了人们对经济利益的无限制追逐，这些折射到人们的思想领域，未免引起一些人的精神荒芜和思想贫乏。由于深受社会主义市场经济的影响，一些大学生的个人主义、享乐主义和拜金思想不断抬头，自私自利的思想不断膨胀，进而丧失了原有的精神价值。衡量一个人成功与否的标准不再是精神价值，取而代之的是金钱和社会地位。同时，在市场经济的影响下，青年群体中的玩派现象逐渐增多，并呈现出逐年增多的趋势。马克思认为："只要外在化的主要形式即私有制仍然存在，利益就必然是单个利益，利益的统治必然表现为财产的统治。"[3]市场经济的自由竞争原则，客观上要求个人最大限度地实现自我价值，这很容易以自我为中心，

---

〔1〕《马克思恩格斯选集》（第3卷），人民出版社2009年版，第547页

〔2〕《马克思恩格斯文集》（第1卷），人民出版社2009年版，第286页。

〔3〕《马克思恩格斯文集》（第1卷），人民出版社2009年版，第94页。

我行我素，最终导致个人主义的盛行。同时，随着社会主义市场经济的深入发展，科学并没有完全取代封建迷信活动。相反，这些迷信活动的发展，对社会逐渐造成极坏的影响。市场经济发展中的这些现象，理应引起思想理论工作者的深刻思考，也构成新时代大学生科学信仰培育的最大困境。

在崇尚物质享受和个人主义盛行的市场经济背景下，大学生的意志、理性和甄别能力都具有一定的限度，科学信仰的形成需要良好的制度、多样的方法和思想的引领。斯宾诺莎认为："如果某一个国家比另一国家邪风更猖獗，犯罪更普遍，那一定是由于这个国家谋求和睦不足，法制不够昌明，而且未能建立起完全的国家权力之故。"[1]在社会主义市场经济的背景下，使新时代大学生坚定马克思主义信仰，形成科学的价值观，达到毫不利己、专门利人的大公无私的境界，这就需要加强社会主义法治建设，充分利用法律的规范性、约束力、权威性和强制性，提高大学生的自律意识，克服市场经济对大学生科学信仰培育的严重影响。同时，还要加强制度建设，制度必须依靠人们的自觉遵循才能正常运转，一个良好的社会制度要被人们接受和认同，必须与人们的利益相一致。只有建立健全规范的制度体系，大学生在社会实践中才具有可以遵循的社会规范，进而促进科学信仰观的确立。

市场经济的发展也使西方各种社会思潮不断涌入中国，在这样的社会环境下，新时代大学生也在无形中受到不良影响。世界上其他国家出现的信仰弱化以及信仰多元化、信仰功利化以及信仰世俗化的现象，也在潜移默化地影响新时代大学生信仰观的确立。社会生活的巨大压力和市场经济的残酷竞争，使得大学生思想困惑、精神迷惘和行动不知所措，使原来相对单一的价值追求愈加多元，理想信念愈加弱化。正如阿尔·托夫勒在《第三次浪潮》中描述的那样："从来没有那么多国家里的那么多的人民，甚至是受过教育的和老于世故的人，感到精神上如此空虚与沉沦，好像生活在混乱和咆哮的思想大漩涡之中。互相冲突和矛盾的观点，震撼着每个人的精神世界。"[2]世界上许多国家都在大力发展经济，追逐经济利益，我国也颁布了系列以经济建设为中心、一切都要服从和服务于经济建设的法律文件。这就很容易使人们在思想上出现轻视甚至忽视信仰教育的倾向。这些都是科学信仰培育工作面

---

〔1〕[荷] 斯宾诺莎著，冯炳昆译：《政治论》，商务印书馆1999年版，第42页。

〔2〕[美] 阿尔温·托夫勒著，黄明坚译：《第三次浪潮》，新华出版社1996年版，第319页。

临的困境，理应引起思想政治工作者的高度关注。

新时代大学生正处于全球化、市场化的社会转型期，社会转型引起社会结构发生根本性的变化，经济、政治、社会以及文化等呈现出新的气象，对社会的发展与稳定构成了严峻挑战，构成了新时代大学生科学信仰培育的现实环境，使新时代大学生科学信仰培育工作面临新的困境。

一是全球化浪潮增加马克思主义信仰教育的困难。全球化的发展，西方各种社会思潮的传播，都会直接或间接地影响中国人的信仰，如果不能科学合理地认知这些社会思潮，则会严重影响大学生科学信仰观的培育。由于资本全球化的扩张，资本主义国家在全球依然具有一定的影响力，他们在一些重大的国际问题上具有话语权，一定程度上主导国际政治、经济秩序。西方文化倡导的个人主义、民主自由观念、维权意识影响大学生科学信仰观的确立。这些都对大学生科学信仰培育工作形成巨大挑战，需要思想理论工作者做出切实努力。

二是市场经济加大了人们的思想分化，对大学生科学信仰培育工作的开展产生强烈冲击。社会转型和经济发展必然带来经济成分、组织形式的多样化，尤其是转型期社会利益的分化，引起了人们的思想波动，呈现出价值观的多元化、信仰类型的多样化。李泽厚认为市场经济的发展必然引发文化的商业化，而文化的商业化必然消解主流意识形态，进而悄无声息地改变人们的价值观念、行为方式。在市场经济的影响下，一些人发财致富的欲望极为强烈，各行各业受到物欲侵蚀，经济利益最大化成为人们的追求目标。一些人的价值取向日益功利化，实用主义的思想意识日益渗透到人们的价值观念之中。高尚的道德追求、远大的理想目标都逐渐远去，一些人在市场经济影响下越来越脱离信仰，或仅仅是拥有实用主义或者功利主义信仰，缺乏对人生价值和生命意义的追求。在这样的社会大环境下，一些大学生内心迷茫、精神空虚，马克思主义信仰能否真正走进他们的内心世界，成为一件费神费力的事情。

新时代处在科学信仰培育的最佳时期。挑战和机遇总是相伴相随，应对挑战不断发展自我是新时代大学生科学信仰培育的重要任务。客观上讲，尽管转型期的中国给新时代大学生科学信仰培育工作带来更多的困难，但在市场经济大潮中成长起来的大学生，其思想更为独立，主体意识日益增强，具有较强的洞察力和辨别力，内心一旦接受了马克思主义信仰，便不容易受到其他非科学信仰的影响。事实上，这是科学信仰培育的最佳时机。社会主义革命的成功、民族解放的实现都同共产党员具有坚定的马克思主义信仰密不可分，都是建立在马克思主义信仰与中国国情紧密结合的基础之上的。在中国社会转型过程中，经济飞速发展，人民生活水平显著提高，政治建设取得长足进步，社会主义文化建设不断加强，党的建设逐步推进，这些构成了新时代大学生科学信仰培育工作的坚实基础。新时代大学生只有了解国情，认清祖国发展的历史和现状，才能增强热爱祖国的真挚感情，并把这种感情转化为对马克思主义的真诚信仰，进而自觉投身于社会主义现代化建设的实际行动中。在全球化的世界背景和中国市场化的国内背景下，对大学生科学信仰培育问题的任务非常艰巨，是不容回避的时代课题。

二、大数据时代的变革与挑战

当今世界正处于大数据时代。2010 年 2 月出版的《经济学家》杂志中一篇题为 "The data deluge" 的文章，被认为是 "大数据" 概念的发端。deluge 一词比较生癖，翻译过来是 "大泛滥、大洪水、大量" 之意，文章的标题直译为 "数据洪流" 或 "海量数据"。2011 年 5 月，麦肯锡全球研究院发表了一篇名为 "Big data：The next frontier for innovation competivity and productivity"（大数据：未来创新、竞争和生产力的下一个前沿）的研究报告。Big data 亦即 "大数据"，从此大数据开始出现并愈来愈广泛流行。

从 1941 年世界诞生第一台电子计算机以来，信息技术得到空前迅猛地发展，所有的事物都将 "数据化"。目前，伴随着互联网 Web2.0、物联网、手机、GPS 和光电感应器等技术的出现，数据如井喷一样大量涌现，使新时代大学生面临的社会环境更为复杂多变。丹尼尔·贝尔认为人类社会已经进入后工业社会，"后工业社会是以服务行业为基础的。因此，它是人与人之间的竞争。这主要考虑的不是纯粹的体力或者能源，而是信息。主要人物是专业人员，因为他通过教育和培训把自己装备起来提供各种后工业社会日益需要的技能。"[1] 在信息时代，网络成为传播信息的主要渠道，这个时代又被称为数据时代。在这个海量信息的时代，信息的选择和甄别将面临更多的困难。

---

〔1〕 ［美］丹尼尔·贝尔著，高铦、王宏周、魏章玲译：《后工业社会的来临——对社会预测的一项探索》，商务印书馆 1984 年版，第 143 页。

不可否认，网络已经成为影响人们思想观念的最为重要的外部因素。网络的虚拟性、复杂性和多变性，导致新时代大学生科学信仰培育工作面临更多困境。

（一）大数据技术为观察人的思想行为提供强有力的技术工具

大数据技术为我们观察他人的思想言行提供强大的技术工具，如同望远镜可以观察到遥远的太空，显微镜可以观测到渺小的原子世界，大数据技术可以更科学地检测人们真实的思想动态。如何把握新时代大学生的思想动态？这需要利用大数据技术透视他们的思想行为。大数据可以记录人的数据踪迹，因为新时代大学生生活在一个网络世界。一些学生通过电脑或者智能手机浏览新闻，了解各类信息，并发表自己的观点看法；一些学生通过微信、QQ等与熟悉或者陌生的朋友交流思想，表达内心真实想法；一些学生通过微博、微信等信息发布平台发布自己的思想和观点，通过淘宝、京东、当当、亚马逊等网站购买自己所需的生活和学习用品；一些学生通过优酷、爱奇艺等网站观看电视电影，通过电子邮件与他人保持交往。大学生的这些交往行为都被智能设备、互联网络和云存储等技术记录并存储下来，并通过云计算将他们存储于云端，这使得大学生的思想行为变成了一条很长的数据编码，留下了无法根除的数据踪迹。如今的数据挖掘技术可以使用智能系统自动地从这些海量数据中挖掘出我们所需要的信息，因此，思想政治工作者完全可以通过数据挖掘，追踪这些数据踪迹，掌握这些大学生的思想、感情、情绪、倾向、爱好和习惯等，为全面了解大学生的思想动态奠定基础。总之，利用大数据技术，思想政治工作者可以对大学生的思想行为进行数据跟踪、处理和挖掘，对其以往的一切行为进行数据分析，并从过去的思想行为大致推测未来的思想趋向。

（二）大数据时代大学生科学信仰的培育需要确立数据思维

大数据时代带给人们更多便捷工具的同时，也带来更多的困难和挑战。应对这种挑战，思想政治工作者需要运筹帷幄，做好数据判断，确立精细化的数据思维。

在大数据时代，对大学生进行科学信仰教育需要变革思维方式。一方面，采用数据化的整体思维方式。在大数据时代，思想政治工作者不需要用局部代替整体，用样本代替所有的组成部分，网络技术、云计算、智能终端等新型技术为思想政治工作者分析数据、采集数据提供了便利的工具。当需要了解一部分大学生马克思主义信仰状况时，思想政治工作者只需要跟踪并采用一部分学生的样本。利用大数据，思想政治工作者可以及时有效地了解每个学生的信仰状况，真实把握他们的思想动态。大数据为思想政治工作者提供了了解大学生思想动态的有效工具，而且思想政治工作者完全可以利用相对全面的数据来透视细节，把握整体。另一方面，确立兼容性的多样思维。大数据技术为思想政治工作者认识大学生的思想行为提供了科学的认识工具。利用大数据，思想政治工作者可以游刃有余地处理文档、视频、音频、图像、图片等，并从中把握规律，"大数据技术能够对各种各样的数据进行挖掘、处理，不再要求按照标准化的格式进行数据采样，不再要求必须符合某种模式或规律，也不再要求数据精确无误。"[1]思想政治工作者可以利用大数据技术认识大学生信仰的多元化现象，科学把握马克思主义信仰状况。

在大数据时代，大学生的科学信仰培育应建立在全面的数据挖掘、数据分析的基础之上，力求精准化。通过数据分析，科学信仰教育培育工作可以做到有的放矢。通过数据挖掘，可以准确地了解学生的思想倾向、兴趣爱好、消费习惯、生活习惯等。可以说，在大数据面前，每个人时刻都有被曝光的危险，都存在自己隐私被暴露在公众视线的可能性。通过对数据的采集和分析，可以更好地了解学生的思想状况，全面估量其未来的思想动态，并提出行之有效的教育方案。例如，通过数据分析，可以判断哪些学生在信仰方面出了问题，思想政治工作者因此可以提前介入，进行心理疏导和思想教化，通过采取一些有效的方法措施，及时让学生走出思想困境。

由于大众传媒的普及，西方的个人主义、享乐主义、消费主义开始渗透进青年的生活，爱国主义、集体主义思想受到了一定程度的冲击，一些非马克思主义、反马克思主义的东西也开始死灰复燃，这些都给科学信仰培育工作带来了一定困难，进而影响青年学生信仰的选择。有些媒体游离于意识形态之外，充当某个利益集团的传声筒，有些媒体甚至一味迎合"市场需求""读者口味"，片面追求轰动效应。由此可见，一些舆论宣传由于淡化思想主旋律，因而导致了价值评判标准的混乱和是非观念的颠倒，严重影响了马克

---

〔1〕[英]肯尼思·库克耶、维克托·迈尔-舍恩伯格著，盛杨燕、周涛译：《大数据时代》，浙江人民出版社2013年版，第18页。

思主义的宣传效果，进而冲击了社会主义主流意识形态。这些媒体炒作热点新闻，追求轰动效应，宣传贵族生活方式，制造追星氛围，再加上互联网的普及，使一些大学生追求世俗文化，排斥精英文化、主流文化，许多粗俗的、平庸的东西不断涌现，这在一定程度上影响着新时代大学生科学信仰观的确立。

在大数据时代，要充分利用大众传媒的作用，有效引导大学生确立科学的信仰观。纪念馆、博物馆、公园、爱国主义教育基地等都是开展信仰教育的良好场所，思想政治工作者要充分利用网络媒体并广泛宣传。广播、电视、报纸、杂志、网络等大众传媒已经渗入大学生的生活，影响着大学生对信仰的认识和选择。如果不能充分利用大众传媒开展科学信仰的宣传教育，就无法更好地促进社会主义现代化事业的健康发展。对于大众传媒的重要作用，江泽民曾这样概括："它作为现代化的传播手段，能够最迅速、最广泛地把党的路线、方针、政策贯彻到群众中去，并变为群众的实际行动；能够广泛地反映群众的意见、呼声、意志、愿望；能够及时地传播国内国际的各种信息，直接影响群众的思想、行为和政治方向，引导、激励、动员、组织群众为认识和实现自己的利益而斗争。"[1]

大数据时代为思想政治工作者也带来了困难和挑战。在信息时代，高校的思想政治工作者面临更多的挑战。一是信仰多元化的挑战，二是能力与素质的挑战。高校的思想政治工作者，既需要具有坚定的马克思主义信仰，又要具备过硬的信息网络技术，以便对良莠不齐、鱼龙混杂的网络信息进行甄别。在浩如烟海的网络信息中，能否听到对马克思主义信仰的呼唤，对科学信仰培育工作的成功开展至关重要。在大数据时代，越来越多的学生把网络视为自己的第二生存空间，网络对话、网络购物已经成为他们日常生活的重要组成部分。思想政治工作者要积极应对这些困难和挑战，做好各方面的准备。一方面，充分利用大数据时代的网络技术，主动适应、自觉拓展工作领域。大数据时代的网络技术为科学信仰培育工作的开展提供了高科技平台，把信息的传播变成了网络空间及时有效的互动，改变了报纸、电视、广播等单向传播的局面，为科学信仰培育工作的顺利开展提供了广阔的平台。网络世界的信息更新迅速、知识更新快速，理论要求极大提高，这些都为思想政

〔1〕《十三大以来重要文献选编》（中），人民出版社1991年版，第766页。

治工作者获取知识、提升判断能力和选择能力提供了良好的资源。同时，网络世界的沟通交流的便捷、及时，为科学信仰培育工作的开展消除了时空障碍，提供了更为便利的条件。网络空间的虚拟性，也为教育者提供了理想化的教育模式，同时在教育过程中未免产生消极因素。思想政治工作者可以借助网络丰富的科技信息、文化信息，充分地实现资源共享，更好地传播马克思主义。要坚持鲜明的政治立场，主动出击，建立一些富有教育和启发意义的红色网站，自觉拓展工作领域，为应对各种非马克思主义的冲击做好充分的思想准备。另一方面，积极探索信息化的教育方法，推进科学信仰培育工作的现代化。在大数据时代，由于网络技术为现代生活创造了便捷快速的通信条件、资源共享的虚拟世界，扩展了人们的交往范围，改变了人们的交往方式。网络技术以其数字化、全球性、多媒体技术等特征，改变了人类获取知识、利用信息的方式，进而改变了人们的学习方式。这就内在地要求思想政治工作者提高网络对话能力，实现科学信仰培育方法的现代化，探索出一整套科学信仰培育的信息化方法。否则，就不能有效掌握马克思主义意识形态的话语权，进而影响科学信仰培育工作的顺利开展。

三、多元文化形态的存在

19 世纪，随着人类社会历史向世界历史的跃迁，人类的生产、贸易、科技和文化等领域不断越出国界，逐步迈进经济互相联系的全球化时代。由于经济在社会发展中的基础地位，经济的变革必然影响政治和文化发展，正是从这个意义上讲，经济的全球化必然影响科学信仰的确立。由于经济的发展使得全球化图景复杂多样，多元文化形态的存在则是其突出表现，这也是科学信仰培育面临的环境因素。

由于全球化浪潮的影响，多元文化形态将会持续存在和发展，对青年学生的价值观念和人生理想都产生了重要影响。分析这些文化形态的思想实质以及其对科学信仰培育工作的影响和挑战，是新时代科学信仰培育工作顺利开展的重要环节。

（一）后现代主义文化

后现代主义文化产生于 20 世纪 60 年代的西方，并很快成为西方学术界的社会主流文化形态。20 世纪 80 年代，后现代主义文化发展到新的历史阶段，到了 20 世纪 90 年代，后现代主义文化开始走向衰落。后现代主义文化体现了对西方现代社会、近现代哲学的批判，是在反思西方社会、哲学、科技的基础上形成的一股文化思潮，主要代表人物有德里达、福柯、哈贝马斯等。后现代主义文化认为在后现代社会，元话语已经过时，纯粹的叙事以及英雄圣贤、拯救解放等元话语语境已经失效，应该代之以"小型叙事"。后现代主义文化还认为后现代社会是一个凡人的社会，只注重过程而不重视结果，不同学术范式的学科界限消失，科学只玩语言游戏，因此后现代社会是一个追求创造、倡导异质标准的社会。

后现代主义文化学派繁杂、人物繁多，这里只简单分析对中国青年学生影响比较深远的罗蒂的"后哲学文化"、德里达的结构主义、利奥塔的知识合法化危机以及哈贝马斯的现代性救助。

后现代主义文化的代表人物罗蒂不同于其他的后现代主义者，罗蒂解构现代哲学、批判现代社会，而且在批判与解构中重建独特的哲学思想。这种重建表现在罗蒂以哲学和文化的关系为基本点，提出了"后哲学文化"理论，主要包括以下内容：批判大写的哲学，主张小写的、反本质主义的后哲学文化；反对真理符合论，认为真理是人们信以为真的东西；科学、文学和政治这三个领域都不可能成为新的文化至尊。罗蒂的后哲学文化否定世界观，把哲学限定在私人领域，这是一种实用主义的思想。德里达解构主义的对象主要是传统哲学，即对传统哲学中的二元论、本质主义、逻各斯中心主义、形而上学的在场进行解构，提出了"书写文字"、"分延"、"播撒"和"踪迹"等，进而颠覆了传统观念。德里达认为文字、言说以及整个语言系统都不可避免地具有可重复性，讲话是文字、书写的补充形式，两者不可偏废。德里达主要解构自古希腊以来的西方哲学，反对任何形式的二元对立，强调平面感和零碎化，认为阅读就是一种误读，这未免陷入虚无主义和怀疑主义的泥潭。利奥塔在考察知识合法性和知识分子地位的基础上，批判本体论，进而实现消解同一性、放逐元话语的目的。利奥塔认为在后现代社会，知识的内涵和标准都已经发生了变化，知识可以量化、可以操作，成为商品。利奥塔还认为宏大叙事已经瓦解，后现代社会的知识分子已经具体化，不应再有知识分子。实际上，利奥塔通过把知识碎片化、数字化、游戏化和异质化，达到消解元话语、普遍叙事的目的，从而颠覆了传统哲学，实现了解构现代性的目的。哈贝马斯是以"非现代主义者"的身份跻身于后现代主义者行列的，主要是因为他激烈地反对后现代主义。哈贝马斯认为现代性没有完成，理性是人类的生活形式之一，与社会生活处于一种互动的关系之中。宏大叙事、元话语在现代社会并没有完成，需要建立一套新理性，确立一个判断是非的标准，进而摆脱"自我批判"的评判标准。哈贝马斯还认为语言有多种功能和多重表达形式，语言包含日常交往语言、哲学话语，也具有文学、艺术、科学、道德等多种专门话语形式，他们各自担负不同的功能。哈贝马斯始终保留哲学话语的空间和地位，始终坚持哲学话语的相对独立性，强调哲学与其他学科的区别和联系，坚持后现代性不可能到来的思想主张。

后现代主义文化对传统哲学的批判如同一股强劲的台风，对资本主义的批判如同一把利剑，对传统哲学、资本主义的批判强劲猛烈，资本主义文化、社会、政治等领域的诸多弊病充分暴露的同时，也使后现代主义走向了虚无主义。一方面，后现代主义文化具有一定的理论背景，是对社会现实深刻思考的结果，具有一定的合理性。后现代主义文化坚持对哲学的批判，关注时代、关照现实，批判形而上学的思维方式和资本主义社会现实，对科技理性和工业文明也提出质疑，这充分体现了后现代主义思潮顺应人类社会文明发展轨迹的历史必然性和合理性。另一方面，后现代主义文化是对资本主义和传统哲学的"矫枉过正"，这种"纠正"使得后现代主义具有一定的历史局限性。后现代主义文化反对理性，具有怀疑精神，一味地批判和解构哲学和社会问题。后现代主义文化对传统哲学的批判，把解构作为目的，最终只能为自己设下套圈，也在无形中为自己制造了牢笼，这未免产生历史虚无主义和相对主义。

（二）分析马克思主义

分析马克思主义是以阿尔都塞为代表的结构主义之后，在20世纪70年代的西方国家（主要是英国和美国）兴起的又一股马克思主义思潮。这一思潮的代表人物主要有英国牛津大学教授科恩、美国芝加哥大学教授埃尔斯特、美国威斯康星大学教授赖特等。分析马克思主义采用哲学的方法和社会科学方法论，重新建构一种分析的、革命的马克思主义，以求对当代资本主义社会存在的各种问题做出合理的解答。分析马克思主义产生于20世纪70年代的英国和法国绝非偶然，而是具有深刻的社会历史原因。分析马克思主义是当代资本主义社会诸多矛盾发展的必然产物，反映了英美左派知识分子和广大人民群众的夙愿，体现了利用科学方法论中的个人主义对传统马克思主义的宏观描述和详细补充。

　　分析马克思主义所追求的重构既是科学的、又是革命的马克思主义理论，所采用的分析方法，不仅包括更为精确、更为严谨的分析哲学方法，还包括研究西方非马克思主义的社会科学方法。从总体上看，分析马克思主义主要具备两个特征：第一，推崇分析科学的方法，反对辩证法。分析马克思主义认为传统的马克思主义在某些概念的表述上不清晰，论证也不甚严谨，必须运用分析哲学的方法对马克思的思想进行重构，详细阐述基本概念。第二，推崇方法论中的个人主义，反对方法论的整体主义。分析马克思主义从个人主义出发，反对把社会形态和阶级描述为符合自身发展规律的整体主义观点。分析马克思主义研究领域广泛，涉及历史发展动力、历史发展规律等历史唯物主义的一些基本原理，以及经济学、政治学和社会学中的诸多问题，如剥削、阶级、社会公正、社会道德等。

　　科恩被公认为分析马克思主义的创立者和具有重要影响的代表者，他在《卡尔·马克思的历史理论———一种辩护》一书中，运用分析哲学的方法，对历史唯物主义的一系列基本范畴，如生产力、生产关系、生产方式、经济基础和上层建筑进行了澄清，对历史唯物主义的一些基本原理进行了辩护。科恩对历史唯物主义基本原理的辩护，体现为提出和论证了发展命题和首要性命题。发展命题主要讲的是生产力的发展趋势，科恩认为这是历史唯物主义最基本的命题。科恩还从人类社会所处的历史环境、发现新资源的能力以及通过劳动创造机会等问题进行了论证。关于发展命题，科恩认为生产力的发展趋势是自律的，生产力趋于发展的根本原因是人们要通过提高生产率解决资源匮乏问题，这一命题贯穿人类历史发展的始终。首要性命题主要讲的是生产力对生产关系、经济基础对上层建筑在解释上的首要性。科恩提出了历史唯物主义的核心命题，生产关系的本质由生产力的发展水平来解释，上层建筑的本质由经济基础来解释。

　　分析马克思主义另一主要代表人物罗默热衷于对传统马克思主义的修正。罗默认为传统的马克思主义原理中没有哪一部分是神圣不可改变的，为此，罗默积极着手修正那些在他看来已经过时或错误的原理，以求改造传统的马克思主义，使其具有革命性。罗默的代表作有《马克思主义经济理论的分析基础》、《剥削与阶级的一般理论》和《在自由中丧失———马克思主义经济哲学导论》，这三部著作运用新古典经济学的分析方法和博弈理论，修正了传统马克思主义剥削理论和阶级理论，提出了关于剥削的新理论，主要包括以下内容：第一，对剥削概念的技术性定义。罗默以市场经济、资本与劳动的替代性以及理性人的最优化选择的存在为理论前提，认为只要存在资本稀缺和资本分配的不平等，一部分成员的劳动时间超过社会必要劳动时间，另一部分成员的劳动时间则会少于社会必要劳动时间，因而资本家和工人阶级之间自然存在剥削关系。第二，财富、阶级与剥削对应的两个原理，即"阶级——财富对应原理"和"阶级——剥削对应原理"。所谓"阶级——财富对应原理"，罗默认为要把所有生产当事人从富到穷排列出来，生产当事人的财富状况决定他们所处的阶级地位。所谓"阶级——剥削对应原理"，主要是指资本家或者稳定的半资本家都是剥削者，半无产者或无产者都是被剥削者，这主要取决于各自拥有的财富数量。第三，"退出博弈"的剥削理论。为了阐明这一理论，罗默设想了一个博弈的社会经济体，在这样一个社会经济体中，任何一个群体都可以参与该经济，也可以退出该经济。所谓"退出博弈"的剥削理论是指，如果一个群体按人均分配的财产"退出"某一经济体并单独进行生产，其成员的收入都有所提高，那么该群体的成员在原经济体制就是被剥削者，如果其成员的收入都有所降低，那么该群体的成员在原经济体制就是剥削者。第四，社会必要剥削理论。随着人类社会的发展，剥削现象最终将被消灭，也就是说，剥削在一定历史时期的存在具有历史必然性，这被罗默称为"社会必要剥削"。

赖特是分析马克思主义者中的另一个重要代表人物，对资本主义社会阶级问题研究最多，在这一领域的影响也最大。赖特提出了以下两个理论：第一，基于三种剥削形式的当代资本主义阶级结构。赖特认为剥削存在的根源是财产分配上的不平等，财产不仅表现为生产资料的财产，还包括劳动力财产、组织财产和技能财产。在资本主义社会，不平等分配的主要财产是生产资料，资本家占有大量生产资料，而工人一无所有，这导致了资本家对工人的剥削。在存在国家资本主义的社会，不平等分配的主要财产属于经理或官僚，他们有权组织生产活动，而非组织者则无权过问，这导致了经理或官僚对非组织者的剥削。第二，"中间阶级"理论。赖特认为处于资本家和无产者之间的"中间阶级"是理解资本主义阶级结构的关键，认为中间阶级处于这样一种地位，他们既剥削别人又是被剥削者。赖特提出"中间阶级"理论表明，资产阶级最主要的对手不是工人阶级，而是具有一定阶级地位的专家。

分析马克思主义既有积极方面，也有消极方面，应辩证分析。积极方面主要在于：第一，促进了马克思主义在英美国家的传播，扩大了马克思主义在西方学术界的影响。长期以来，马克思主义在英美国家一直遭受某些资产阶级的敌视，因此分析马克思主义的传播和发展也是困难重重。分析马克思主义的出现改变了上述局面，其代表人物都是大学教授，因而对英美学术界产生了一定的影响。第二，对马克思主义一些基本概念和原理的阐述，在一定意义上深化了对马克思主义理论的研究。分析马克思主义对历史唯物主义的生产力、生产关系、生产方式、经济基础、上层建筑、社会形态等基本概念的阐述，纠正了人们过去的很多模糊认识，提高了对历史唯物主义理论的理解力。第三，探讨了资本主义社会的新问题，深刻批判了资本主义制度的一些不合理因素。从消极方面看，分析马克思主义最大的失误是反对辩证的思维方法，提倡个人主义，反对马克思的劳动价值论，这些论述在理论上都有一定的偏颇性。

（三）生态社会主义

生态社会主义产生于 20 世纪 70 年代的西方绿色运动，并在 20 世纪 90 年代发展成为引人注目的左翼社会思潮。生态社会主义反映了马克思主义对当代西方社会主义思潮的影响，是西方新社会运动和社会主义思潮相结合的产物，揭示了解决当代生态危机的历史必然性。生态社会主义提出了以建立生态平衡为基础、满足人与自然和谐发展的未来社会发展目标，目的是建立一条通向生态社会主义的现实道路。西方一些左翼理论家把生态社会主义视为 21 世纪社会主义的希望。生态社会主义的产生不是偶然的，而是西方资本主义的发展，使人与自然的矛盾日益尖锐，越来越多的人对现存资本主义制度不满的结果，因此要从根本上寻找解决生态问题的途径。马克思主义人与自然关系的理论、当代西方生态学、系统论、未来学理论以及法兰克福学派的理论，是生态社会主义思潮的理论来源。

生态社会主义以马克思主义为理论基础，以生态学和系统论为指导思想，以马克思主义的辩证方法探讨人类与自然界的关系、生态问题与资本主义制度的关系，寻求生态社会主义实现的现实途径，以期构建人类社会与自然和谐发展的新型社会主义社会。生态社会主义的基本思想主张包括以下几个方面：第一，人与自然应该和谐统一。生态社会主义者认为，人类在解决生态危机、重新探讨人与自然的关系时，应考虑人类尺度，立足于人与自然的和谐统一。这是因为，人与自然具有相互依存、相互影响的关系，人与自然在相互交往中走向统一，人在自然界具有特殊地位、对自然起支配作用，人与自然应该和谐统一。总之，生态社会主义强调以"人的尺度"为基础，科学考察人与自然关系的历史性、统一性，生态问题不仅是自然的问题，更是社会的问题。解决环境污染并不是一个纯粹的自然过程，而是一个社会过程，是社会问题得到解决的深刻体现。第二，资本主义制度是生态危机的根源。生态社会主义认为生态危机是资本主义追求利润最大化的必然结果，是资本主义牺牲环境、追求利润的深刻体现，也是资本主义生产方式全球化的必然结果。资本主义生产方式的内在矛盾是当代世界性生态危机的根本原因，也是生态社会主义的理论立足点。第三，生态危机是当代资本主义社会的主要危机。生态社会主义认为资本主义用高生产、高消费延缓了经济危机，延长了资本主义的寿命。但是，经济危机并没有消失，而是转变为生态危机。生态危机是在资本主义工业繁荣和物质丰裕的历史条件下产生的供应危机，是自然资源无法适应资本主义生产的体现。生态社会主义认为资本主义生产方式的内在矛盾造成了生态危机，解决生态危机必须同反对资本主义的斗争结合起来。

生态社会主义赋予社会主义以新的理论内涵，其本质特征如下：第一，绿色社会是社会主义的本质特征。绿色社会具有丰富的内涵：缓和了人与自然的对立关系，有效解决了生态破坏问题，生态社会主义还是有条件的绿色社会，是人类社会物质生产和人类自由充分实现的社会。第二，生态社会主义是生态现代化的社会。生态社会主义是对传统工业主义的超越，以便实现社会主义的生态现代化，即"生态重建"。第三，生态社会主义是全面发展的社会。生态社会主义主张建立以人的全面自由发展为目标的新的生活方式，因为他们相信未来社会主义使人们的自由、平等、公正的权利变为现实，并为每个人充分发挥自己的能力、提升社会凝聚力提供广阔的舞台。如何实现社会主义，生态社会主义者认为要通过阶级斗争和集体行动，领导者是具有革命激情、生态意识、善于实践和思想成熟的知识分子，工人阶级是参与社会变革的主体力量，可以通过教育、示范合作的方式实现社会主义。

生态社会主义运用马克思主义人与自然关系的理论，深化了对资本主义的整体批判，展望了社会主义的发展前景，提出了一些值得思考的理论问题。更为重要的是，生态社会主义从人与自然关系和谐发展的角度把握社会主义的内涵，不仅要摒弃资本主义所有制，消除异化劳动和异化的生活方式，以期获得社会解放和人的解放，还要实现人与自然的和谐统一，建立一个绿色、公平的社会。当然，生态社会主义在把握马克思主义人与自然关系的理论时，强调人与自然的矛盾，对资本主义的批判存在自相矛盾之处。同时，在对社会主义的理论探索方面，生态社会主义的未来社会方案仍然存在偏颇之处，如在实现社会主义的动力、领导力量以及社会变革的途径和策略方面都没有提出切实可行的方案。

审视多元文化形态对新时代大学生科学信仰培育工作的影响，必须全面把握这些文化形态的思想实质，明确这些思潮对新时代大学生科学信仰培育工作带来哪些挑战。

西方多元文化形态的存在和发展，以西方社会为立足点，主要是对西方资本主义发展过程中暴露出的各种问题进行思考，也对社会主义国家的发展趋势做出展望，体现了对经济全球化的顺应。经济全球化不仅是一个经济过程，而且是一个文化传播和交流过程。由于经济在社会结构中的基础地位，决定了发轫于经济领域的全球化运动必然影响人们对信仰的选择。由于全球化图景的复杂性，多元文化形态的存在和发展，使得思想文化领域的交流存在一定的困难，对新时代大学生科学信仰培育工作也带来了一定的冲击，主要体现为：

一是影响大学生对马克思主义的信仰。多元文化形态的产生起源于对资本主义制度的反思和批判，是属于西方文化的产物。这样的文化形态在中国的传播，在一定程度上影响新时代大学生科学世界观的确立。这些文化思潮在中国的传播发展，也会悄无声息地改变大学生的价值观念、行为准则和行为方式，进而影响大学生对马克思主义的认同度。在这些文化思潮的影响下，一部分青年学生以一种消极冷漠的态度建构世界，一切神圣的东西将不复存在，道德在人们思想领域的地位越来越弱，由此更多的大学生患上了"信仰缺乏症"和"道德冷漠症"。在多元文化思潮的影响下，新时代部分大学生由于自我意识膨胀和信仰冷漠引起的思想困惑问题，是值得社会各界关注的重要议题。

二是造成新时代大学生信仰选择的困难。多元文化是西方文化的反映和折射，西方学者立足于资本主义工业文明，讴歌西方资本主义制度，较少批判资本主义制度。这些文化的涌入，推动了西方文化在中国的传播和发展，也在无形之中传播了西方的生活方式、价值观念和政治制度。这些文化在中国的传播，无疑增加了西方文化进入我国思想界的机会。由于西方多元文化的传播，高校渗透了一些西方文化，部分大学生对马克思主义信仰的科学性产生怀疑，这在一定程度上影响了他们的思维方式、行为方式，部分大学生也因此出现了一定程度的信仰迷失，进而很难做出科学的信仰选择。多元文化的传播发展，对我国意识形态安全形成了一定的思想冲击，对大学生思想观念和价值取向也产生了一定的影响，因此科学信仰培育是新时代的一项重要课题。

三是冲击社会主义意识形态教育。多元文化思潮是西方文化的综合反映，总体上宣传的是西方工业文明。资本主义文明使新时代大学生对资本主义的发展现实产生疑惑，加剧了大学生对马克思主义信仰的怀疑。新时代的大学生应该科学面对多元文化传播的现实，辩证吸取思想精髓，理解这些文化的深刻内涵，挖掘深刻的时代价值，进而不断助推社会主义意识形态教育良性发展。如果新时代大学生不能合理分析这些多元文化的深刻内涵，必然产生一定程度的迷惘和困惑，这无疑对新时代大学生科学信仰培育工作产生一定的影响。

资本主义不断呈现出各种社会矛盾和诸多弊端，有力回应了西方学者对资本主义的赞美。马克思当年在《共产党宣言》中也提到过"全球化、世界经济一体化、跨国公司"，但令资本家欢呼雀跃的"经济全球化"现象并没有改变资本主义的剥削实质，也无法解决资本主义制度的内在矛盾。随着资本主义生产方式和管理方式的调整，资本主义剥削能力也大为增强，资本主义全球化扩张激化了新的矛盾，资本主义也必然会因为各种矛盾而走向灭亡。资本主义金融危机、经济危机在全球的扩展，不可能改变社会化大生产和资本主义私有制之间的根本矛盾，也无法消除资本无限扩张与贫富两极分化同时并存的现象。西方学者对资本主义的讴歌是在为资产阶级辩护，在理论上很难自圆其说。

思想政治工作者要全面审视资本主义的各种危机，引导大学生深入反思西方国家在现代化进程中涌现出的各种问题。资本的本性决定了资本家贪婪的本质，导致了两极分化、剥削压迫和不公平现象的存在。在反思资本主义现代性弊病的基础上，全面审视西方各种文化思潮的思想根源、理论本质和精神实质，有助于进一步体会马克思主义理论的魅力，深刻领悟社会主义的本质，进而坚定社会主义信念。多元文化的传播，提供了在全球化范围内进行思想交流和文化对话的机会，思想政治工作者可以抓住这一千载难逢的机会，向外传播中华优秀传统文化和科学信仰理论。同时，不断加强与西方各种文化的对比，在对比中增进对中国特色社会主义的认识和了解，让更多的人理解马克思主义的精神实质。

第三章 CHAPTER3
新时代大学生科学信仰培育的主要问题

当代中国社会的转型、大数据时代的来临以及多元文化形态的存在，共同构筑了新时代大学生科学信仰培育工作的现实境遇，这既为新时代大学生科学信仰培育工作创造了难能可贵的发展机遇，同时也提出了严峻的挑战。新时代大学生科学信仰培育就是在机遇与挑战中艰难行进，前途无限光明，但也存在诸多问题。深入分析新时代大学生科学信仰培育工作存在的主要问题，分析这些问题的症结所在，并提出切实可行的针对措施，是时代赋予思想政治工作者的责任使命。

马克思主义信仰也称为共产主义信仰，是建立在对资本主义私有制批判的基础之上的，不同于朴素的、空想的共产主义。马克思主义信仰是一种反对宗教迷信思想、追求人类解放和自由的现实主义信仰。无产阶级是马克思主义信仰的主体力量，在马克思主义视域中最为进步、最为大公无私和最具有战斗精神。

一方面，马克思主义体现对旧制度的扬弃，是以实现人的自由、全面、和谐发展为宗旨。马克思强烈反对剥削压迫的旧制度，在反对旧制度中对未来社会做出科学展望。马克思认为庸人的世界就是政治动物的世界，这种存在的秩序"它现在已经作为合乎逻辑的制度出现，非人化的世界就是这种制度的原则。"[1]马克思还认为："君主政体的原则总的说来就是轻视人，蔑视人，使人非人化；而孟德斯鸠认为君主政体的原则是荣誉，他完全错了。"[2]这种专制制度具有一定的历史局限性，在很大程度上限制了人性的发展，"工

---

〔1〕《马克思恩格斯全集》（第47卷），人民出版社2004年版，第57页。
〔2〕《马克思恩格斯全集》（第47卷），人民出版社2004年版，第59页。

商业的制度，占有人和剥削人的制度正在比人口的繁殖不知快多少倍地引起现今社会内部的分裂，这种分裂，旧制度是无法医治的，因为它根本就不医治，不创造，而只是存在和享受罢了。"〔1〕虽然资本主义国家相比封建专制制度国家是一种历史进步，但也存在诸多弊端，如贫富差距日趋扩大、经济危机频繁爆发等。马克思指出了资本主义制度的诸多问题，如政治国家与物质国家相分离，政治平等的抽象性，人的经济生活被完全异化等，并科学阐明："我们的时代即文明时代，却犯了一个相反的错误。它使人的对象性本质作为某种仅仅是外在的、物质的东西同人分离，它不认为人的内容是人的真正现实。"〔2〕实现政治权利、经济权益，扬弃资本主义制度，构成马克思主义信仰的本质要义。

另一方面，马克思主义信仰不是抽象的观念体系，而是现实的实践运动。马克思主义信仰不是空想家的幻想，而是建立在对资本主义基本矛盾分析的基础之上。在《德意志意识形态》中，马克思恩格斯指出："共产主义对我们来说不是应当确立的状况，不是现实应当与之相适应的理想。我们所称为共产主义的是那种消灭现存状况的现实的运动。这个运动的条件是由现有的前提产生的。"〔3〕马克思无情地批判资本主义，目的是使人们科学认知资本主义社会，进而追求一种自由自觉的活动。马克思认为："新思潮的优点又恰恰在于我们不想教条地预期未来，而只是想通过批判旧世界发现新世界。"〔4〕共产主义不是对未来社会的幻想，而是根源于现实的物质条件，即资本主义生产力和生产关系之间的矛盾冲突。马克思指出："所以人类始终只提出自己能够解决的任务，因为只要仔细观察就可以发现，任务本身，只有在解决它的物质条件已经存在或者至少是在生成过程中的时候，才会产生。"〔5〕

马克思主义信仰以丰富人的内心世界为根本宗旨。实现人的解放，丰富人的内心世界，需要以扬弃私有财产、私有观念和异化劳动为基础。马克思指出："对私有财产的扬弃，是人的一切感觉和特性的彻底解放。"〔6〕人的丰

〔1〕《马克思恩格斯全集》（第47卷），人民出版社2004年版，第62页。

〔2〕《马克思恩格斯全集》（第3卷），人民出版社2002年版，第102页。

〔3〕《马克思恩格斯文集》（第1卷），人民出版社2009年版，第539页。

〔4〕《马克思恩格斯文集》（第10卷），人民出版社2009年版，第7页。

〔5〕《马克思恩格斯选集》（第2卷），人民出版社2012年版，第3页。

〔6〕《马克思恩格斯文集》（第1卷），人民出版社2009年版，第190页。

富性包括人的意识、感觉、活动、需要、情感和爱的丰富性，人的丰富性的实现不是自然发展的结果，而是需要长期的实践活动。马克思指出："全面发展的个人——他们的社会关系作为他们自己的共同的关系，也是服从于他们自己的共同的控制的——不是自然的产物，而是历史的产物。"〔1〕

马克思主义信仰是遵循历史发展规律的科学信仰，是扬弃私有制、追求人类解放的信仰。马克思主义体现了对私有财产和异化劳动的积极扬弃，以实现人的本质复归。马克思主义信仰摈弃狭隘的阶级利益，以实现人类解放为目的。无产阶级利益与全人类根本利益相一致，同全人类的解放密切相关，是马克思恩格斯思考资本主义社会诸多矛盾的结果，也是对人类社会发展规律的科学揭示。

一、知识与信仰的互动关系

知识与信仰都是实现自我人生价值的重要方式，也是人区别于动物的显著特征。新时代大学生应该有信仰吗？应该有什么样的信仰？如何在坚守信仰中更好地增长知识，抑或在求知中坚定既有的信仰？这些都是值得思想政治工作者深思的重要理论问题。新时代大学生如何处理信仰与知识的矛盾，如何构建科学的信仰体系，这些都需要思想政治工作者做出科学合理的回答。对于肩负未来历史重任的新时代大学生而言，知识与信仰相辅相成、缺一不可。新时代大学生应该自觉追求丰富的知识，不断完善人格，进而达到心灵和谐。

（一）知识与信仰的相辅相成性

对于一个正常人来说，学习知识、追求信仰永远也不存在矛盾。"信仰乃基于知识。惟有受过科学教育的洗礼和启蒙运动的开导的文明人，方足以言信仰"〔2〕，"惟有能思想有理智的人才有信仰。但信仰却不能说是知识的缺陷，只能说是伴随着知识而起的一种心理现象"〔3〕，"信仰是知识的一个形态。知识是思想或理智的产物。思想或理智的活动可以表现为许多不同的形

---

〔1〕《马克思恩格斯文集》（第8卷），人民出版社2009年版，第56页。

〔2〕贺麟：《文化与人生》，商务印书馆2015年版，第92页。

〔3〕贺麟：《文化与人生》，商务印书馆2015年版，第93页。

态。"[1]对于一个以追求知识为人生重要目标的新时代大学生而言，应该努力使自己的信仰理性化、科学化，甚至常态化。新时代大学生应该具备坚定的科学信仰，以便满足自我的精神需要和价值追求。

知识是信仰的前提和基础。一个人只有拥有丰富的知识，才会产生信仰。如果一个人毫无所知，他将毫无所信，因为"愚昧的知识"将在一定程度上导致"盲目的信仰"。如果一个人知识贫乏，他的信仰也必将盲目，如果一个人知识丰富，他的信仰必将完善，信仰与知识紧密相联、密不可分。有人认为知识与信仰是互相冲突的，这是不了解知识性质、不明确信仰为何物的体现。从某种意义上说，信仰使人的意志更为坚定，行为更为持久，态度更加真诚，个性更加强烈。换言之，信仰是人的综合知识的表现。知识的匮乏导致盲从和迷信，而信仰的缺失则容易形成精神懈怠。新时代大学生应通过不断的学习知识和积累知识，培养科学精神和人文精神，并在两者的统一中建构更为理性的科学信仰。

信仰是更为高尚的知识，是科学精神和人文精神的综合和统一。新时代大学生的科学信仰培育工作，需要进行科学精神、人文精神教育，最终实现知识和信仰的统一和融合。信仰包括"对科学的信仰"和"科学地对待信仰"两个方面。"科学知识由人创立并服务于人。其内容和质量取决于作为知识的观察者，交流者，评估者以及吸收者，并最后作为信仰者及权威专家的科学家们的才能和作用。"[2]人类获取的知识越多、越丰富，就会发现自己愈加无知，因此，人类永远不能依靠现有的知识来回答现实问题，而需要不断地追求新知。康德因此指出："应该限制知识为信仰留出地盘。"作为新时代的大学生，应该不断获取新的知识，为信仰保驾护航。"据说老练的游客第一次来到一个陌生的地方，他要先登上某个高山坡或教学钟楼，熟悉附近的情况。同理，你必须要凌驾于知识之上，而不是屈从于知识，否则知识会压得你喘不过气来；并且你拥有知识越多，负载也越大。"[3]伟大的科学家爱因斯坦具有丰富的知识，富有持之以恒的探索精神，同时也具有高度的社会责任

---

〔1〕　贺麟：《文化与人生》，商务印书馆 2015 年版，第 93 页。

〔2〕　[英] 约翰·齐曼著，赵振江译：《可靠的知识：对科学信仰中的原因的探索》，商务印书馆 2003 年版，第 97 页。

〔3〕　[英] 约翰·亨利·纽曼著，徐辉、顾建新、何曙荣译：《大学的理想》，浙江教育出版社 2001 年版，第 59~60 页。

感和正义感。爱因斯坦希望用自己丰富的知识改变世界，使科学真正地造福人类。因此，新时代大学生应该追求丰富的知识，关怀人类的整体命运。只有具备丰富的知识，确立科学的信仰，才能促进自己的人格不断完善。

教育是丰富知识、确立信仰的重要方式。教育是摆脱人的精神危机的根本性方法，在人的社会化发展过程中具有非常重要的地位，发挥不可替代的作用。要想成为社会主义事业的建设者和接班人，新时代大学生需要具备扎实的科学文化知识和较强的思想政治素质。从更深层意义上讲，作为建设者需要具备精深的专业知识和较强的实践能力，作为接班人要对社会主义充满信心，并持之以恒地去奋斗。如果没有丰富的知识和理论联系实际的能力，大学生将无法完成国家富强和民族复兴的历史重任，也不能更好地实现自身的生存和发展。同样，如果缺乏信仰，大学生容易迷失自我，不能更好地把自身价值和社会价值结合起来。从根本上说，"人不能毫无信仰而生活。摆在我们这一代和今后几代人面前的严肃问题是，这种信仰究竟是对领导者、机器、成功的非理性信仰，还是基于对我们自身生产性活动之体验的理性信仰。"[1]在对新时代大学生进行信仰教育的过程中，要引导他们追求丰富的知识，自觉确立理性的信仰，促使自我更好地发展，进而实现人生价值与社会价值的统一。新时代大学生应该在掌握科学文化知识的同时，着力培养为人民服务的高尚品格，"社会的健康状态取决于组成它的个人的独立性，也同样取决于个人之间的密切的社会结合"[2]。由于受传统教育观念的影响，一些大学生只注重知识的积累，不注重人际交往能力的提升，进而形成了不能更好地融入社会的尴尬状态。

（二）信仰与知识的同步发展性

知识与信仰是古老的话题。厘清两者的关系，首先要解决知识与信念的问题。在西方经典文献中，传统的定义为："知识被看作是一种确证了的、真实的信念。"[3]在中国古代，知识与道德密不可分。孔子曾经指出："行有余

---

〔1〕 ［美］埃里希·弗洛姆著，孙依依译：《为自己的人》，生活·读书·新知三联书店1988年版，第193页。

〔2〕 ［美］阿尔伯特·爱因斯坦著，许良英、赵中立、张宜三编译：《爱因斯坦文集》（第3卷），商务印书馆2010年版，第52页。

〔3〕 陈嘉明：《知识与确证：当代知识论引论》，上海人民出版社2003年版，第31页。

力，则以学文。"苏格拉底曾经指出："知识就是德行。"由于知识与德行的统一性，因此，追求知识在一定程度上就是追求智慧和道德。到了近代，培根提出了"知识就是力量"，此后知识与道德开始分离，此时追求知识就是追求一种改造自然、改造社会的力量。近代以来的科学发展推动了知识体系的丰富。对知识论的反思蕴含着认识论、价值观和理想信念等多重因素。

当今社会已经从农业经济过渡到知识经济，社会发展离不开知识。在新时代，大学生只有具备丰富的知识、高远的理想，才能顺应瞬息万变的社会。改革开放四十多年的发展，社会的经济结构、人的生活方式和思维方式都发生了深刻变化，这反映了人的精神世界的变迁，也体现了信仰与知识的共生共存和同步发展性。

信仰是同社会发展相契合的精神活动，是同不断丰富、不断更新的知识紧密联系在一起的。改革开放四十多年来，社会生活发生了巨变，由于贫富分化、利益纠纷冲击着人们的思想，人们的精神领域因此发生了飞速的变化。信仰不限于单纯的精神活动，而具有强烈的实践性，它通过行为主体的实践，实现求真求善求实的目的，并不断丰富和完善既有的知识体系。高校应该组织丰富多彩的活动，如"社会调查""支边支教""暑期三下乡"等，引导大学生参加社会实践活动，在实际生活中感受中国特色社会主义建设的伟大成就，内心深处自然就会增强社会责任感，进而体验信仰马克思主义的意义和价值。新时代大学生应该确立高远的理想，努力成为道德高尚、意志坚定的新一代，在社会实践中不断开阔视野、丰富知识、艰苦创业和开拓进取，切实肩负起时代赋予的神圣职责，不断推动社会的发展。

知识体系的发展和完善，必将使人类面临信仰的升华。新时代的人们需要深刻反思自己的社会活动、思维方式，坚定地追求科学的信仰，更需要灵魂的宁静。马克思主义信仰作为人民理论、群众实践和人民信仰的统一体，在新时代依然具有强大的生命力。随着马克思主义信仰体系的不断丰富，社会主义事业的不断发展，人们更加相信马克思主义、期待社会主义中国取得更为辉煌的成就。当然，信仰的发展，不是仅靠少数几个理论家、宣传家的宣传引导，更不仅是依靠中国特色社会主义理论体系的丰富完善，而是依靠全体人民的共同努力，进而在社会实践中增强对社会主义制度的高度认同。在《青年在选择职业时的考虑》中，马克思自觉把"人类幸福"和"自身完美"相结合，认为只有为全人类的幸福而工作，才能达到自身的幸福。新时代大学生应该不断丰富自己的知识体系，坚定马克思主义信仰，使知识和信仰都"站在巨人的肩上"。

（三）在丰富知识中构建科学的信仰体系

丰富知识体系，明晰信仰确立的重要价值和现实意义，建构科学合理的信仰体系，赋予人生真实的意义感和终极的价值关怀，成为新时代需要解决的重要议题。一个民族的崛起，需要民族精神的引导。一个民族的衰落或覆灭，则往往以民族精神的萎靡为先导。中华民族的振兴，需要在社会主义现代化的艰难进程中实现，更需要信仰的有效支撑和强力助推。

科学信仰体系的构建，需要促进知识体系的丰富，科学完整地理解马克思主义，全面把握马克思主义的思想真谛和精神实质。

马克思主义具有整体性特征，是哲学、政治经济学以及科学社会主义的有机统一体。长期以来，马克思主义经常被划分为哲学、政治经济学和科学社会主义三个相对独立的学科，这种学科划分，不仅割裂了马克思主义理论体系的整体性，还造成了马克思主义整体性研究不足的局面。从一般意义上讲，马克思主义哲学、政治经济学和科学社会主义是融为一体的。在马克思主义创立初期，马克思不只是为了建构一种纯哲学而创立唯物史观，而是为无产阶级寻求自由解放的道路，"如果马克思不突破德国古典哲学的思辨传统，始终停留在纯哲学的范围内，不从哲学转向经济学的研究，那马克思最多无非是富于思辨的黑格尔式的马克思，而不能成为新的科学体系的创始人。反过来，唯物史观为创立无产阶级的经济学和社会主义理论提供了科学的理论和方法。它们之间不是单线的链式的因果关系，而是相互促进、相互补充的复杂过程"[1]。在马克思主义视域中，哲学、政治经济学和科学社会主义是一个有机统一体，其中任何一部分只有与整体相联系才能获得存在的意义，因此，"要彻底地批判国民经济学，必须要将自己的视野上升到哲学，上升到对整个人类历史以及历史本质的总体把握，离开哲学，离开历史唯物主义是不行的"[2]。在马克思主义形成和发展的不同历史阶段，哲学、政治经济学和科学社会主义呈现出动态的不平衡发展状态，这并不意味着三者是相互独

〔1〕 陈先达：《走向历史的深处：马克思历史观研究》，上海人民出版社1987年版，第27页。
〔2〕 陈承叔："经济学与哲学——马克思思想发展的内在轨迹"，载《学习与探索》2009年第1期。

立、相互割裂的，而是紧密不可分割地联系在一起，"把原本是一个完整整体的马克思主义'肢解'为'多元'马克思主义，这严重破坏了马克思主义的整体本性"[1]。因此，为了完整准确地了解马克思主义，必须深入研究马克思主义的整体性特征。

马克思主义是学术形态、政治形态和大众形态的有机统一体。马克思主义在历史发展的长河中呈现出不同的发展形态，"马克思哲学从产生起便形成了完整的形态。这里所谓的'形态'是指由哲学的主题、研究方法、核心内容、表述形式、涉及主体和运思方式所呈现出的哲学形象。马克思哲学具有相对独立的问题域、研究方法、基本内容、表述形式、涉指主体和运思方式。基于这样的界定，我们在相对的意义上，把马克思哲学区分为大众形态、学术形态和政治形态。形成了大众形态、学术形态和政治形态三种有机的基本形态。"[2]只有深入了解马克思主义政治形态、学术形态和大众形态的统一性，才能深入把握马克思主义的基本内涵和精神实质。政治形态的马克思主义，其主体力量主要是中国共产党，旨在改善中国社会结构、更好地开展制度设计。学术形态的马克思主义的主体力量主要是专家学者，旨在不断丰富和完善马克思主义思想体系，使之走进普通民众的内心。大众形态的马克思主义至今仍在发展过程中，普通民众对马克思主义的认同度不高，因此未来还有很长的路要走。在经济全球化时代，马克思主义要继续创新发展，必须关注现实生活，了解普通民众的需求，走政治形态、学术形态和大众形态相统一的综合创新之路。

马克思主义具有强大的生命力，是与时俱进、不断发展的科学理论体系，需要不断推进马克思主义的中国化、时代化和大众化，使其能够破解当代中国难题，回应世界追问。马克思主义是一个内容丰富的思想理论体系，它博大精深，具有很强的生命力。马克思主义的生命力体现在具有与时俱进的精神品质，能够对具体情况进行具体分析。马克思主义不仅吸纳了人类丰富的文明成果，更是与社会现实密切结合，并在社会实践中不断得以丰富完善。马克思主义者需要"根据它的基本原则和基本方法，不断结合变化着的实际，

---

〔1〕　张艳涛："怎样科学对待马克思主义"，载《马克思主义研究》2012年第5期。

〔2〕　韩庆祥、张艳涛："马克思哲学的三种形态及其历史命运"，载《中国社会科学》2010年第4期。

探索解决新问题的答案，从而也发展马克思主义理论本身。"[1]马克思恩格斯也多次提出马克思主义理论不是教条，而是行动的指南。各国的马克思主义者应用该理论时，需要根据本国的国情实事求是地分析。列宁也认为马克思主义理论"所提供的只是总的指导原理，而这些原理的应用具体地说，在英国不同于法国，在法国不同于德国，在德国又不同于俄国。"[2]毛泽东也认为："马克思主义一定要向前发展，要随着实践的发展而发展，不能停滞不前。停止了，老是那么一套，它就没有生命了。"[3]对新时代的马克思主义者而言，需要适应新形势的需要建构新的理论，破解新的问题。首先要破除"理论虚无主义"和"历史虚无主义"的影响，概括总结中国经验和世界经验，批判汲取现代西方哲学的精粹，在此基础上建构富有时代特色的中国化马克思主义。

科学信仰体系的构建是一个非常重要的时代性课题。除了掌握马克思主义理论，还需要理性思考现实生活中的诸多问题，回归具体实际问题。廓清信仰的现实意义和本质要求，赋予人生真实的意义感和终极的价值关怀，是促进科学信仰体系构建的坚实基础。在走向中华民族伟大复兴的历史进程中，需要全体民众的披荆斩棘，更需要信仰的强力支撑。

在物质利益充斥的碎片化时代，人如何安身立命？这是现代人生存的大智慧。越是物质主义泛滥的时代，越需要信仰的力量。在当今这个物欲横流的时代，需要道德人物的感召力量，更需要感恩意识的培育。建构科学的信仰体系，培育健全的人格，需要科学处理个人成长过程中的一些基本关系，不断提高思想道德觉悟，进而规范我们的行为习惯。

一方面，理性处理自我与他人的关系。马克思科学阐明了人的本质："人的本质不是单个人所固有的抽象物，在其现实性上，它是一切社会关系的总和"[4]，每个人都离不开社会中的其他人，要想在社会关系中实现自我价值，需要确立"我为人人，人人为我"的观念。现代人的可悲之处就在于很少考虑其他人的利益需要，一切以自我为中心，过多考虑个人利益。"我为人人"

---

〔1〕《邓小平文选》（第3卷），人民出版社1993年版，第146页。

〔2〕《列宁选集》（第1卷），人民出版社1995年版，第274~275页。

〔3〕《毛泽东文集》（第7卷），人民出版社1999年版，第281页。

〔4〕《马克思恩格斯文集》（第1卷），人民出版社2009年版，第501页。

应当成为我们行为的出发点，只有关爱别人、心系他人，才能赢得他人的尊重。另一方面，正确对待奉献与索取的关系。每个人都要为国家和社会多做贡献，才能实现人生价值、赢得尊重。随着社会主义市场经济的发展，人们的道德观必然经历激烈的变化，因此调整个人的道德行为、重塑社会价值规范是实现人生价值的基础。市场经济的功利性与道德的超功利性产生矛盾，市场经济的物质性与道德的无私性互相排斥，这些都是造成当代人思想困惑的重要原因。在社会主义初级阶段，由于人们财富观念的多样性，拜金主义、享乐主义和金钱至上观念在普通民众中还有相当大的市场。反思这些现象，主要原因在于没有形成对财富的正确认识，没有科学地认知奉献精神，从而导致了错误思想观念的蔓延。因此，需要建立一种积极向上的奋斗观，提倡以个人奋斗为前提，通过个人能力的展示为社会创造一定的财富，形成一个"各得其所""各尽所能"而又"和谐相处"的良好社会氛围。

二、科学信仰的现代转型

中华传统文化是中国传统信仰产生的土壤，中华传统文化的多元包容性决定了中国传统信仰的独特性。中国传统社会信仰以儒家思想为基础，这也决定了中国人信仰方式与西方人的根本差异性。对家族人伦关系的追求、家国情怀的提倡，以及对中华传统文化和合思想的不断传播发展，促进了中国传统社会多元信仰形态的形成，构成了中国传统信仰的独特方式，也深刻地影响了科学信仰培育的现代转型。因此，实现科学信仰的现代转型，需要分析中国传统社会信仰的主要形式和特点，在此基础上才能开启新的路径方式。

（一）中国传统社会信仰的主要形式和特点

中国社会存在众多的民间信仰形态。在中国许多少数民族聚居地，民间信仰形态多样、内容复杂。在这些地区，种类繁多的祭祀仪式，深入众多民众的天神崇拜理念，都表明了中国民间信仰形态的丰富性。民间信仰是中国传统社会信仰的重要组成部分，是具有中国特色的信仰形态，它主要融入普通民众的日常生活，同儒学信仰、道学信仰都有一定的区别，也具有自身产生、发展和演变的规律。

儒学信仰以伦理纲常为基础，重人道，以人为中心，是仁礼之学，也是伦理教化型的哲学观。在孔子的信仰观中，注重对现实问题的解决，孔子认为不解决人的现实问题，而过分关注生死问题，是不分主次轻重的表现。对道与仁的追求，是人生的重要目标。统治阶级要实行德治，需要在日常生活中具体实践"仁"。孔子的信仰观对儒学信仰甚至中华民族的传统社会信仰都产生了深远的影响。孔子注重对现实问题的解决，具有强烈的现实主义色彩，对仁义德性的提倡，培育了大批的爱国志士，激励后人为社会发展前仆后继、不断奋斗。老子为道家信仰奠定了理论基础，庄子提倡逍遥自在的理念，推崇超凡人生，为道家信仰的发展做出了重要贡献。道家学派注重对宇宙自然规律的探索，推崇自然的东西，认为道是宇宙万物生存与发展的根本力量。在长期的历史发展过程中，儒学信仰和道家信仰相互存在、相互融合，共同构成了中国传统社会独特的信仰景观，对中国人的价值观念、思维方式、信仰方式和行为取向都产生了深远的影响。

中国传统信仰的多样形态，是同中国传统文化紧密联系在一起的。中国传统文化对人生问题的思考、对国家社会问题的关注，深刻影响着中国人的价值观和信仰观。中国传统文化的基本精神就是解决出世与入世的矛盾，使之统一和谐地发展。依照中国文化的特质，不论儒家思想，还是道家思想，都要求人们"以文载道"，使信仰与人生理想、社会生活有机联系在一起，获得知与行的统一，现实与理想的统一。在中国文化的意境中，生命永远都是实在的，而人的思想境界却具有超越性。由于理想与信仰的统一性，人的信念就同其人生追求紧密交织在一起，人的行动也相应地体现其信仰观。

由于中国农耕文化存在的长期性，哲学上的人文主义倾向，导致了中国传统社会信仰的内容复杂，结构多样，尤其民间信仰是一个庞大而复杂的体系。归结起来，中国传统信仰的特点主要体现在以下几个方面：

第一，信仰的多元性。由于中国传统文化对民众心理的影响，中国人的信仰呈现出不同于西方的特点，突出表现就是不同信仰形态的相互渗透性。由于传统农业生产方式的影响，普通老百姓的信仰呈现出不确定的状态。因此，普通民众具有自然崇拜、祖先崇拜和圣贤崇拜等多种信仰形式。从总体上，普通老百姓中的信仰无非是寻求精神慰藉和心理安慰，具有一定的功利性、世俗性。民间信仰的世俗性是中国传统社会信仰特征的重要体现，因为具有一定的功利性和复杂多变的特性，因此并不能完全代表整个中国文化的精神特质。中国传统信仰不同于民间信仰，往往同自己的学说保持一致。中国的知识分子以儒家学说指引人生，形成了以天下为己任的道德情怀，又把道家的自然哲学作为个体生命的补充，形成了飘逸洒脱的道骨风格。儒道互补成为知识分子广阔的精神空间，"穷则独善其身，达则兼济天下"成为知识分子阶层的普遍处事原则。知识分子对信仰的浓厚兴趣，表现出中国知识分子特有的处事风格和浓厚的人文主义传统。

第二，信仰的宗法性。中国的宗法社会历史悠久，从有文字记载的历史开始一直延续至今，具有独特的发展规律，同西方社会的历史演变截然不同。宗法制的本质是重视父权血统，推崇父权制，父系系统成为社会联系的纽带，整个社会也因此呈现出家庭、家族、宗族和皇族构成的立体网络结构。适应宗法制的需要，中国古代推行敬天法祖的信仰，相信君权神授。儒家学说重视家族伦理，以及血缘关系、地缘关系的维系，提倡孝悌观念。同时，由于儒家仁爱学说的推广，有效地促进了亲情的维系。更为重要的是，在宗法制度的影响下，君主拥有至高无上的权力，百姓皆为皇帝的子民。儒家学说的家族伦理观念从理论上巩固了宗法制度，受到官方的推崇。为了巩固统治阶级的地位，孔子的儒家思想在汉代被推崇为官方哲学，并日益渗透到社会的各个层面。由于普通百姓诵读儒家经典的机会较少，因此，官方所开展的各种祭祀活动，成为发挥对民众信仰教育的重要形式。在这样的影响之下，古代中国保留了天神崇拜和祖先崇拜的重要形式，普通百姓对此推崇备至。对绝大多数中国人来说，祖先崇拜更为重要。中国人对传宗接代思想的推崇，根深蒂固的香火观念，一定程度上和浓厚的祖先崇拜情结有一定的关系。这种世界历史上独特的文化现象，反映了传统的宗法制社会结构和宗法观念对普通民众的深刻影响。儒家也注重祖先崇拜，提倡道德教化。孔子强调对父母要"生，事之以礼；死，葬之以礼，祭之以礼"。孔子还要求人们对祖先要虔诚，不能随意应付。由于宗法制度的影响，儒家学说和民间信仰在祖先崇拜方面具有一致性。

第三，多重信仰形式的包容共生性。在人类历史发展的长河中，信仰发挥了非常重要的作用。在通常情况下，多民族的形成需要信仰的精神整合作用。中国传统文化具有兼容并蓄的特点，如《周易·大传》中这样论述："天下一致而百虑，同归而殊途。"汉代以后，儒学、道学共荣共生、共同发展，体现了中国文化的包容性。多种社会信仰形态的并存发展，促进了中国人独特价值观和信仰观的形成，也有效地推动了中国传统文化的不断发展，体现了中国传统文化的宽容性。中国传统文化具有极强的包容共生性，它影响了中国传统社会信仰，使之具有中国特色，也为科学信仰现代转型的培育提供了文化基础。

(二) 科学信仰的现代转型

新时代的中国正处于社会转型期，社会转型体现了社会结构的深刻变革、生产方式的剧烈变动、各种文化观念的碰撞交织以及价值观的博弈发展，进而促进了科学信仰培育问题的提出。社会转型对传统社会信仰形成了思想冲击，也对科学信仰培育工作产生了深刻影响。了解新时代科学信仰的特征，完成科学信仰培育的现代转型，是新时代大学生科学信仰培育工作的重要环节。

继续发挥马克思主义的精神引领作用。马克思主义是中国社会的主流意识形态，无论是在艰难的社会主义革命时期，还是在充满挑战的社会主义建设时期，共产主义成为无数志士仁人的坚定信仰，也成为绝大多数老百姓心目中的社会理想。信仰是人类社会永恒的主题、人生的根本问题，但一些中国人却缺乏科学信仰，对马克思主义认知不清，这反映出社会的主导信仰呈现出某种程度的弱化现象。由于社会主义市场经济的深刻影响，我国社会信仰呈现出与金钱、权力相联系的特点，这种错误价值观的形成，会促使人们放弃高尚的灵魂追求，成为没有思想的工具人。因此，反思当前科学信仰的特点，对完成科学信仰培育的现代转型具有现实意义。

深入挖掘中国传统社会信仰的精神支撑作用。中国社会传统信仰是人类社会发展的精神力量，在当今社会仍然发挥着重要的作用，可以促进现代人精神家园的构建。在新时代，遵循一定的原则，挖掘传统社会信仰的价值，使之更好地实现现代转型是时代赋予思想政治工作者的神圣职责。中国传统信仰在新时代仍然发挥着重要作用，最为突出的表现是信仰关注人的生老病死、抑制人的情感欲望和促进人与人之间的沟通交流等。人生无法逃避的死亡问题，体验人生的无常，挖掘生命的价值，都需要传统社会信仰发挥一定的作用。中国传统社会对祭祀的重视，有利于培养民众虔诚的态度，使人的精神生活日趋丰富。那些不重视祭祀礼仪的社会，民风也不甚淳朴，人们很难达到关系和谐。英国学者威尔逊盛赞祭祀的作用："埋葬一时表现了人们想要抑制有害情感活动的普遍要求。这种有害情感活动假如不能彻底加以

抑制，也许就会危害到活着的个人和群体，甚至危害到现存的社会秩序及结构。"〔1〕

开辟科学信仰现代转型的新路径。在新时代，重视并弘扬传统信仰具有非常重要的现实意义。儒学信仰、佛教信仰等在伦理道德、审美艺术等方面都发挥着重要价值。这些传统信仰体现了对中华优秀传统文化的传承和发展，是人类精神财富的有机组成部分。中国传统信仰已经渗透到社会生活的各个层面，既影响着中华民族共同体的文化特性，又体现着中华民族对整个人类发展所做出的重要贡献。因此，实现科学信仰的现代转型需要继续发挥这些传统信仰的重要精神支撑作用，并努力开辟新的路径方法。其一，继续发挥儒学信仰的重要作用，融入社会主义民主思想，使之在新时代获得更大的生命力。把儒学融入现代生活，并同现代社会的科学民主、自由思想相融合，是中国传统信仰继续发挥作用的重要途径。随着社会的发展，中国传统信仰应当自觉地发展自己，以便更好地服务社会、造福民众，并成为联系社会成员的重要精神纽带。其二，实现传统信仰的现代转型，促进多种信仰形态的对话交流。当今变革的新时代，实现科学信仰的现代转型，必须促进多种信仰形式的对话交流。社会也要为多种信仰形态的对话交流创造良好的环境条件，以便促进人类精神生活的不断丰富，使精神领域不受政治、经济等外在各种力量的干扰。多种信仰形态的对话交流，是精神自由发展的体现，也体现了社会不同群体对世界的真理性认识。我们要从传统信仰的禁锢中走出，促进不同信仰形态的对话交流，从而为科学信仰培育的现代转型提供重要保障。多种信仰形态的对话交流，为社会成员追求科学信仰，促进科学信仰的发展提供了重要条件，也促使人的精神生活呈现出生机与活力。其三，深入挖掘科学信仰的社会凝聚功能。在新的时代条件下，由于多种因素的影响，科学信仰在普通民众中的凝聚力有所减弱，人们的精神迷惘较为强烈。培育和谐的信仰心态是决定社会稳定与否的重要因素，学者胡克指出："信仰的方式是重要的，坚持说在我们的时代里很少事情比它对社会生存问题的关系还重要，那倒不是夸张。因为在社会和政治的行为方面。在信仰上的错误比其他

---

〔1〕 ［日］池田大作、［英］B. 威尔逊著，梁鸿飞、王健译：《社会与宗教》，四川人民出版社1991年版，第4~5页。

任何地方的错误都更要付出惨重的代价。"[1]在社会主义新时代，由于市场经济的深刻影响，人们的参与意识有所减弱，存在一定的社会迷茫形态，这意味着信仰统一的凝聚作用有所减弱。因此，需要采取有效的方式开展科学信仰教育，挖掘信仰的精神凝聚功能，不断调整人们的信仰心态，提高人的思想境界，进而促进社会和谐健康稳定发展。

---

[1] ［美］悉尼·胡克著，金克、徐崇温译：《理性、社会神话和民主》，上海人民出版社1965年版，第5页。

第四章 CHAPTER4
新时代大学生科学信仰培育的目标原则和主要内容

科学阐释新时代大学生科学信仰培育工作的现实环境和主要问题，明确科学信仰培育要符合中国高校学生的思想实际，实现教育方式的现代化，构建丰富的科学信仰教育内容体系，进而实现信仰育人、精神化人的目标。

大学生科学信仰培育目标原则的实现和主要内容的构建，是一个循序渐进的过程，需要社会各界力量的支持、配合并协同发挥作用。在这一过程中，要不断加强顶层设计，综合考虑新时代大学生的思想特点、信仰迷失现状以及价值观多元化等问题，重点分析新时代多元价值观念的交织碰撞、多元文化传播发展的外部环境因素。在综合分析新时代大学生科学信仰培育工作面临的各种现实问题的基础上，构建大学生科学信仰培育的目标原则和主要内容是思想政治工作者的重要责任，具有极强的理论价值和现实意义。大学生科学信仰培育要以马克思主义为指导思想，有效阐明对新时代大学生开展科学世界观教育、生命信念教育、理想信念教育等，使其具备马克思主义理论素养、确立科学的信仰观并能够有效甄别社会上存在的各种信仰形态。

一、新时代大学生科学信仰培育的指导思想和基本原则

（一）新时代大学生科学信仰培育的指导思想

大学生科学信仰培育需要具备坚实的理论基础，这是做好这项工作的重要思想前提。马克思主义是无产阶级政党从事各项工作的思想理论武器，大学生科学信仰培育是新时代思想政治工作者一项非常重要的工作，因此需要以马克思主义为思想指导，这是由马克思主义的本质内容和精神实质决定的。

坚持马克思主义的思想指导。马克思主义的产生是人类思想史上的伟大

变革，它为无产阶级和被压迫人民提供了科学的理论武器和新的指导思想。马克思主义是关于无产阶级和人民群众实现解放的科学理论体系，是对自然规律和社会发展规律的深刻揭示，是对资本主义生产发展规律的科学阐明，科学论证了资本主义必然灭亡、共产主义必然胜利的历史必然性。马克思主义的科学性使马克思主义信仰不再具有虚妄性，而是根源于社会实践，并真实地存在于现实社会。马克思主义信仰是对人类至真至善至美境界的美好追求，是人类对崇高精神境界的无限向往。要使新时代大学生确立马克思主义信仰，必须坚持马克思主义的指导，不断把握马克思主义的思想内涵和精神实质。

马克思主义是科学的思想理论体系，具有严整性和科学性特征。从传统意义上来说，马克思主义包含马克思主义哲学、马克思主义政治经济学和科学社会主义。马克思主义是科学的思想理论体系，它的各个组成部分相互影响、互相作用，共同组成一个内容丰富的严密整体，而各个组成部分又具有一定的内在逻辑关系。马克思主义哲学处于基础地位，马克思主义政治经济学是理论基石，科学社会主义则处于核心地位。三者紧密联系、相互补充、互相影响和相互渗透，共同构成一个有机统一体。

马克思主义哲学为其他学科的发展提供根本的指导思想，也为新时代大学生科学信仰培育提供思想启迪。社会存在与社会意识相互作用的原理、社会发展具有一定的规律性以及人的本质和全面发展学说，为新时代大学生科学信仰培育内容的确立、目标的实现和方法的选择提供最为直接的理论依据。马克思主义哲学的唯物辩证观、人民群众理论、阶级斗争理论以及社会矛盾理论等，则为大学生科学信仰培育提供理论指导。马克思主义哲学的理论联系实际的分析方法、阶级分析的方法，也为新时代大学生科学信仰培育提供方法论的指导。马克思主义信仰居于人的精神领域的最深层，它的确立需要科学把握多个层面的内容，其中世界观的引领和方法论的指导非常重要。马克思主义哲学也具备这方面的特有功能，要想科学把握马克思主义信仰的精神实质，需要以马克思主义哲学为指导，使之成为大学生科学信仰培育的重要思想武器。

马克思主义政治经济学科学揭示了资本主义社会的基本矛盾，科学阐释了物质利益与经济关系的互动原理、生产力与生产关系辩证统一的理论，科学阐释了人们从事各种社会实践活动的物质动因。对物质利益与教育工作相结合原则的阐明，为新时代探索大学生科学信仰培育的方法提供理论启迪。它启示思想政治工作者要在实际工作中根据社会现实的需要确立物质利益原则，充分运用生产力和生产关系辩证统一原理，科学揭示人们从事社会实践活动的物质根源。

科学社会主义以唯物史观和剩余价值学说为理论基础，深刻揭示资本主义必然灭亡的规律，科学论证工人阶级肩负解放全人类的历史责任的重要原理，为科学信仰观的确立提供了理论基础、规定了目标任务。马克思主义信仰的确立需要清晰认知社会历史发展总趋势，坚持以科学社会主义为理论指导，坚持社会主义方向，在建设社会主义伟大的实践中坚定共产主义信念。

新时代大学生科学信仰培育必须坚持以马克思主义为指导思想，能够科学分析人类社会的各种信仰形态，明确共产主义信仰是全人类的共同追求和价值目标。马克思主义之所以能够成为一切学科的指导思想，是因为它具备科学性和实践性相统一的特质。列宁高度评价了马克思主义："这一理论对世界各国社会主义者所具有的不可遏制的吸引力，就在于它把严格的和高度的科学性（它是社会科学的最新成就）同革命性结合起来，并且不仅仅是因为学说的创始人兼有学者和革命家的品质而偶然地结合起来，而是把二者内在地和不可分割地结合在这个理论本身中。"[1]马克思主义具有的革命性和科学性特征，使之能够指导科学信仰培育工作顺利开展。

马克思主义的革命性主要体现为政治立场鲜明，能够有效指导工人阶级的革命运动，并以丰富的理论内容反映无产阶级和广大人民群众的根本诉求。马克思主义的各个组成部分都具有批判性特征，不断宣传革命的立场，以求建立一个代表人民群众根本利益的新世界。科学信仰观的确立以能够有效甄别各种信仰形态为根本标志，这需要不断发挥马克思主义的革命性特征。马克思主义实践观的确立，为人类革命运动发挥着重要的指导作用。马克思主义体现了对人类社会美好图景的科学阐述、人类社会发展规律的科学把握，也使共产主义信仰建立在科学的理论基础之上。在《共产党宣言》中，马克思科学展望了人类美好的未来社会："代替那存在着阶级和阶级对立的资产阶级旧社会的，将是这样一个联合体，在那里，每个人的自由发展是一切人的

---

[1]　《列宁选集》（第 1 卷），人民出版社 2012 年版，第 83 页。

自由发展的条件。"〔1〕共产主义社会是人类的美好奋斗目标，无产阶级要终生围绕这一目标而不断奋斗。要想确立共产主义信仰，需要发挥马克思主义的理论指导功能，充分挖掘马克思主义的科学思维方式，使之能够对共产主义信仰培育的主要内容、目标体系提供方法论上的有效指导。

马克思主义是科学的思想理论体系，具有整体性特征。"马克思学说具有无限力量，就是因为它正确。它完备而严密，它给人们提供了决不同任何迷信、任何反动势力、任何为资产阶级压迫所作的辩护相妥协的完整的世界观。"〔2〕马克思主义的整体性特征，使之内在地具备了指导一切学科发展的理论基础。要想培育新时代大学生的科学信仰观，必须科学把握马克思主义的整体性特征，坚持系统性原则，坚决克服各种教条主义的思想倾向。只有确立整体性思维，才能抵制各种诱惑，在甄别各种意识形态理论的过程中确立起对马克思主义的信仰。

坚持以发展的马克思主义为思想指导。马克思主义随着社会实践、时代变迁和历史发展而不断发展，并非静止不变。经典作家对马克思主义的发展性特征做出了科学预见和有效阐明，为我们深入理解马克思主义的发展性提供了理论基础。1887年，恩格斯在给美国女士的一封信中明确提出："我们的理论是发展着的理论，而不是必须背得烂熟并机械地加以重复的教条。"〔3〕恩格斯对马克思主义理论发展性的科学预见，明确了其发展方向。世界社会主义革命运动实践表明，马克思主义随着社会实践和时代变迁而不断发展，在当今时代仍然具有蓬勃发展的生命力。实践是马克思主义发展的内在动力，马克思主义只有通过实践，在实践中才能不断总结经验，并在实践中不断修正、补充和发展自己的理论，这也是马克思主义具有的内在特征。只有通过实践，马克思主义才能不断彰显自己的发展特质，进而成为时代发展的理论指导。新时代，大学生科学信仰培育工作面临诸多困境，因此要坚持用发展的马克思主义作为指导，使共产主义信仰成为新时代大学生永远的精神追求和价值理想。

马克思主义是不断发展的科学思想理论体系，其发展性得到了社会实践

---

〔1〕《马克思恩格斯选集》（第4卷），人民出版社2012年版，第647页。
〔2〕《列宁专题文集 论马克思主义》，人民出版社2009年版，第67页。
〔3〕《马克思恩格斯文集》（第10卷），人民出版社2009年版，第562页。

的检验。马克思恩格斯曾经指出马克思主义是随社会实践不断发展的，是一切行动的理论指南，为科学认识真理开辟了道路。随着社会革命实践运动的开展，马克思主义不断被赋予新的理论内容。列宁指明："现在一切都在于实践，现在已经到了这样一个历史关头：理论正在变为实践，理论由实践赋予活力，由实践来修正，由实践来检验。"〔1〕马克思主义的发展史就是马克思主义同各种反动的思想流派的斗争史，在不断斗争的历史实践中，马克思主义理论不断得到创新性发展，列宁主义、毛泽东思想、中国特色社会主义理论体系以及习近平新时代中国特色社会主义思想等都是马克思主义发展的新型理论形态，也是马克思主义发展到新的历史阶段的重要标志。

列宁主义的产生标志着马克思主义在俄国的新发展，它由革命导师列宁加以推进和发展。立足于俄国国情，列宁在继承和发展马克思主义的基础上，根据俄国社会革命实践赋予马克思主义理论新的内容。列宁以创新的思维研究社会发展规律，超越马克思主义关于社会主义革命可以在多个国家同时发生的"共同革命论"，提出了社会主义革命可以在落后国家开展并取得胜利的"一国胜利论"的思想主张。不仅如此，列宁还把发展的马克思主义理论运用于俄国革命实践，建立了世界上第一个社会主义国家。十月革命胜利后，顺应革命时局需要，列宁实行"战时共产主义政策"，试图快速完成社会主义的过渡，结果却在实践中遭到惨重失败。在总结社会主义建设实践经验的基础上，列宁果断停止"战时共产主义政策"的实施，开始实行"新经济政策"，进而推动社会主义经济建设顺利发展。正因为列宁在实践中不断坚持和发展马克思主义，才促进马克思主义在俄国的新发展，进而成功把马克思主义推进到新的历史阶段。列宁深刻阐发了俄国社会主义革命的世界历史意义、坚信社会主义必将在全世界范围内取得胜利的历史必然性，同时指出俄国正在开展的无产阶级革命和建设事业必将长期发挥榜样示范作用，"苏维埃共和国这个榜样将长期地摆在他们面前。我们的社会主义苏维埃共和国将作为国际社会主义的火炬，作为各国劳动群众的范例而稳固地屹立着。"〔2〕列宁主义对俄国的社会主义革命和建设发挥了重要的理论指导功能，苏联社会主义建设的伟大成功也使苏联人民的共产主义信念更加坚定。

---

〔1〕《列宁选集》（第3卷），人民出版社2012年版，第381页。

〔2〕《列宁选集》（第3卷），人民出版社2012年版，第416页。

　　毛泽东思想是马克思主义在中国的新发展，体现了马克思主义与中国革命实践的密切结合，以及马克思主义的持续发展性。毛泽东把马克思主义与中国具体的革命实践相结合，创造性地发展了农村包围城市、武装夺取政权的伟大战略，不仅取得了新民主主义革命的胜利，也体现了中国共产党人的集体智慧。毛泽东以中国国情为依据，具体分析中国革命问题，实事求是地解决中国革命的发展道路，寻求中国社会发展方向。毛泽东思想是对马克思主义的创造性运用和创新性发展，体现了对中国革命道路的成功开辟、一代马克思主义者的智慧和英明，进而有效验证了马克思主义同中国革命实践结合的历史必然性。中国特色社会主义理论体系是马克思主义在中国发展的又一理论创新成果，不仅体现了对马克思主义的继承发展性，也生动展示了共产党对中国社会发展道路孜孜不倦地追求和探索。在中国特色社会主义理论体系的指导下，中国社会主义建设不断取得成就，这不仅促进了人民群众对中国特色社会主义理论的自信，还增进了人民群众对社会主义的认同感，进而坚定了人民群众走中国特色社会主义道路的信心。社会主义革命和建设的生动实践表明，马克思主义只有通过实践，才能不断发展和检验这一科学的理论体系，进而使之在新的时代背景下焕发出生机活力。

　　习近平新时代中国特色社会主义思想是当代中国的马克思主义，是马克思主义中国化的最新理论成果，是全党全国各族人民为实现中华民族伟大复兴而奋斗的理论指南，必须长期坚持并创新发展。新时代大学生科学信仰培育工作也必须坚持以习近平新时代中国特色社会主义思想为指导，不断深化对科学信仰发展规律的科学认识，拓展理论与实践相结合的基本原则，使科学信仰培育工作有章可循、有条不紊。

　　中国特色社会主义理论体系和习近平新时代中国特色社会主义思想，体现了马克思主义在当代中国的新发展，是对马克思主义理论宝库的丰富和完善，也为新时代大学生科学信仰培育提供理论基础。要以实事求是的态度辩证分析中国社会具体问题，用马克思主义中国化的最新理论成果分析和解决中国社会实际问题，进而确立脚踏实地、求真务实的马克思主义优良学风。在对新时代大学生进行科学信仰培育的过程中，必须坚持实事求是的基本原则，科学分析新时代大学生科学信仰培育的现状和困境，确立科学的方式方法。一方面，科学认知马克思主义和发展的马克思主义的基本原理和其精神实质，确立指导新时代大学生科学信仰培育工作的根本思想武器。另一方面，直面新时代大学生科学信仰培育过程中的各种现实问题，不断总结经验，分析大学生科学信仰培育的困境，探索契合大学生心理特点、接受能力的科学信仰培育的方式方法。

信仰属于人的精神领域的深层次内容，代表了人的高尚精神追求，因此需要根据人们思想意识的变化，并契合时代发展深入了解信仰的本质。在新时代，由于多元文化的存在，多元价值观念的传播以及各种媒体的宣传，大学生科学信仰培育工作面临诸多问题。中国化的马克思主义是马克思主义在中国的理论创新成果，其不断发展创新的品质决定了能够把握现实问题，不断指导社会实践，并对大学生科学信仰培育工作切实发挥重要的理论指导功能。

（二）新时代大学生科学信仰培育的基本原则

在对新时代大学生科学信仰培育的过程中，必须坚持基本原则。因为原则是影响大学生科学信仰培育的重要因素，是对科学信仰培育特性和实质的最好展示。在阶级社会中，不存在统一的科学信仰培育原则，因为原则是对人与人、人与社会关系的具体规定。科学信仰培育原则是对社会政治目标的具体规定，表达民众一定的政治诉求。科学信仰培育原则表达人们之间的相互关系，是人们行为的总方针和行动的特殊纲领。在剥削阶级占据思想统治权的社会，科学信仰培育原则在一定程度上是统治阶级思想的具体体现，因而统治阶级的信仰教育理论也具有一定的神秘色彩。无产阶级在进行科学信仰培育的过程中，宣称无条件地为无产阶级服务。对大学生进行科学信仰培育，要反映社会发展趋势、适应先进阶级的政治愿望以及反映人与人之间的现实关系，进而展示人类社会进步和发展的基本特征。大学生科学信仰的培育，要坚持以马克思主义为理论指导，还要坚持社会主义原则、党性原则、灌输原则以及自我教育原则。只有切实坚持这些原则，才能促使大学生科学信仰培育工作落到实处。

第一，社会主义原则。马克思主义是在推翻旧制度的阶级斗争中，在建设新社会的过程中产生和发展起来的，是无产阶级及其政党领导人民群众进行革命和建设的科学理论成果。无产阶级崇高的社会理想对任何形式的剥削和压迫的消灭、真正的无阶级社会的建立以及人民群众的信仰观的形成产生了深远影响。正是在建立共产主义这一美好社会制度的过程中，社会主义思想才逐渐深入人心，并成为无产阶级对各阶层人民进行科学信仰培育的最基本原则。

"社会主义"一词，是由拉丁文"Socialis"衍生出来的，系指"社会的"学说。最初社会主义是同个人主义相对立的社会思潮，到19世纪发展成为具有一定政治、经济、法律等多重含义的概念。当时的欧洲出现了空想社会主义者圣西门、傅立叶和欧文，他们对社会主义的理论探索和实践运动为马克思主义信仰的产生奠定了前提条件。恩格斯指出："德国的理论上的社会主义永远不会忘记，它是站在圣西门、傅里叶和欧文这三个人的肩上的。虽然这三个人的学说含有十分虚幻和空想的性质，但他们终究是属于一切时代最伟大的智士之列的，他们天才地预示了我们现在已经科学地证明了其正确性的无数真理。"[1]赋予社会主义科学含义的是马克思恩格斯，在马克思恩格斯的视域中，社会主义是代表无产阶级进行阶级斗争的性质、条件和一般目的的学说，与共产主义的含义大致相同。马克思最早使用社会主义是在1842年10月15日撰写的《共产主义和奥格斯堡〈总汇报〉》一文中，在以后革命的不同时期，马克思也先后使用过"革命的社会主义""科学社会主义""无产阶级社会主义"等提法，这些提法把社会主义作为一种理论、学说或者运动，与科学社会主义具有大致相同的含义。中国共产党在长期的革命和建设实践中，不断丰富和发展"社会主义"的含义，提出了一系列重要的思想论断，从而进一步丰富了科学社会主义理论。

社会主义的基本性质和基本特征奠定了科学信仰培育的主要内容、方法论基础，为促进科学信仰培育工作的顺利开展奠定了思想基础。社会主义具有以下几个方面的特征：一是社会主义具有以公有制为基础的社会经济制度。在社会主义制度下，劳动人民成为生产的真正主人，国家对经济的宏观调控和生产者的自主生产相结合得到充分的展示，劳动人民自主发展生产，自身的经济地位得以迅速提高。二是社会主义具有真正体现劳动人民当家作主的民主制度。在社会主义制度下，劳动人民可以自由表达自己的利益诉求，参与社会管理。人民与国家政权的隔阂逐渐消弭，人民民主逐步得到实现，从而彰显了社会主义的开放性、进步性和高度的民主化。三是社会主义具有日益完善的道德规范制度。社会主义是对人类历史上一切优秀文明成果的继承

---

〔1〕《马克思恩格斯选集》（第1卷），人民出版社2012年版，第313页。

和发展，社会主义的进步性体现为社会物质文明和精神文明的协调发展，社会主义社会是人民群众具有蓬勃的创造力、思想境界极其崇高的社会。四是社会主义具有体现公平公正的制度。在社会主义制度下，人们的劳动、教育、住房、社会赡养等同按劳分配原则相结合，铲除了任何形式的平均主义，最大限度地实现了公平正义原则。在社会主义社会，要高度评价人们的卓越劳动贡献，给予那些做出重要贡献的劳动者物质和精神的双重奖励。

　　社会主义社会是人类历史上最为进步的社会，其产生和发展具有历史的必然性，这也决定了在对大学生进行科学信仰培育的过程中必须遵循社会主义原则，并着力把握几个问题。其一，社会主义国家的建立为科学信仰培育提供了政治保障。社会主义意味着人剥削人现象的消灭、人的解放的渐趋实现和人的全面和谐发展目标的逐渐实现。社会主义国家为人的解放的实现、人的自由的逐步彰显提供了政治保障，这是社会主义国家优越性的重要体现。社会主义国家的消亡是人彻底实现解放的重要前提，社会主义的经济愈加发展、文化愈加繁荣，国家职能的社会化进程愈加快速，个人对国家而言就会更加自由。因此可以说，国家消亡过程就是人的解放渐趋实现、人的全面发展逐步实现的过程，这是一个自然而然的历史必然发展过程。如果在条件尚未成熟的情况下强行促使国家消亡，就会阻碍社会发展，进而妨碍人的解放实现的进程。其二，社会主义国家个人利益与社会利益的协调发展为科学信仰培育提供了良好氛围。利益是人类社会的重要命题，利益关系的协调关乎整个社会的和谐发展。马克思在从事革命实践活动的过程中，揭示了物质利益是人们从事一切活动的根本原因："人们为之奋斗的一切，都同他们的利益有关。"[1]马克思从生产关系角度出发科学阐述了利益的本质和历史作用："每一既定社会的经济关系首先表现为利益。"[2]任何社会的发展都是在人际关系的不断调整中前进的，而在对社会关系的调整过程中，首先是为了经济利益而进行。社会主义发展的目标是最大限度地满足人民群众的物质和精神文化生活需要，促进集体利益和个人利益的融合发展。科学信仰培育要正视受教育者正当的利益诉求，坚持正确的引导方向，在科学信仰培育过程中实现利益的公平化、合理化。如果把集体利益绝对化，不仅无法激励全体社会

---

〔1〕《马克思恩格斯全集》（第1卷），人民出版社1995年版，第187页。
〔2〕《马克思恩格斯选集》（第3卷），人民出版社2012年版，第258页。

成员努力奋斗的激情，还会妨碍社会主义的发展过程。如果长期忽视个人利益，对个人利益考虑较少，那么就会妨碍个人自由的实现，个人的发展也将无从保障。随着社会主义的不断发展，个人不再为社会分工所奴役，而是不断迈向自由解放的道路，个人也最大限度地实现了社会化。在这种和谐的社会关系下，个人利益与社会利益得到了协调发展，个人也能够实现自我发展的愿望。社会主义和谐社会构建目标的提出、核心价值体系的践行都为利益关系的协调提供了动力源，在社会发展目标要实现、价值观念要统一的感召下，能够公平公正地处理国家利益与个人利益的互动关系，进而促进社会的整体发展。其三，社会主义政治民主化的实现赋予人们更多的权益。民主化是社会主义发展的题中应有之意，它是社会全体成员享有社会主义各项权利的重要体现。列宁认为："民主是国家形式，是国家形态的一种。因此，它同任何国家一样，也是有组织有系统地对人们使用暴力，这是一方面。但另一方面，民主意味着在形式上承认公民一律平等，承认大家都有决定国家制度和管理国家的平等权利。"[1]列宁精辟归纳了民主的含义，指明民主作为一种国家形式，是维护阶级统治的工具。社会主义民主建设是人民参与国家管理的重要形式。在无产阶级成功夺取政权之后，人民享有广泛的民主、自由和充分的民主权利。在人类历史发展的长河中，只有社会主义在本质上是民主的。社会主义公有制的建立，适应了生产社会化的要求，同资本主义私有制是根本对立的。生产的社会化，必然要求政治管理的民主化，要求人民有参政议政的自主权利。因为社会主义是全体人民的共同事业，只有建立高度的社会主义民主，才能使社会各项事业符合人民的意志、需求和利益，增强人民群众的责任感，进而促进人民群众积极性、主动性的发挥。

新时代大学生科学信仰培育必须坚持社会主义的根本原则，明晰社会主义基本性质、根本特征以及人民的各项权利，促进科学信仰培育工作沿着社会主义的大方向顺利开展。

第二，党性原则。党性原则，是科学信仰培育阶级性本质的重要体现。坚持党性原则，是指立足于无产阶级的利益需求，用科学的社会主义理论教育人民，培育共产主义的接班人。党性原则是社会主义根本性质的具体体现，反映了科学信仰培育工作的方向性。

---

〔1〕《列宁专题文集 论社会主义》，人民出版社 2009 年版，第 40 页。

　　马克思恩格斯经过长期的理论研究和实践探索，创立无产阶级的意识形态理论。马克思恩格斯认为意识形态具有阶级性特征，代表统治阶级的利益需求、价值观念和心理取向，并明确阐述："统治阶级的思想在每一时代都是占统治地位的思想。这就是说，一个阶级是社会上占统治地位的物质力量，同时也是社会上占统治地位的精神力量。"[1]马克思恩格斯认为在阶级社会，统治阶级占据社会思想的主导权："占统治地位的思想不过是占统治地位的物质关系在观念上的表现，不过是以思想的形式表现出来的占统治地位的物质关系；因而，这就是那些使某一个阶级成为统治阶级的关系在观念上的表现，因而这也就是这个阶级的统治的思想。"[2]马克思还阐述了意识形态的功能，对国家政权建设和促进经济发展具有重要的反作用。马克思恩格斯以无产阶级和劳苦大众的根本利益为立足点，着力批判资本主义意识形态的虚伪性，创立了科学的意识形态理论体系，坚持用马克思主义教导普通民众，号召工人阶级为实现最广大人民群众的根本利益而奋斗。马克思恩格斯的意识形态理论奠定了科学理论服务普通民众、促进社会主义运动顺利开展的党性原则。

　　列宁在领导俄国革命和建设的过程中，旗帜鲜明地提出了意识形态的党性原则。首先，马克思阐述了马克思主义具有鲜明的阶级立场。列宁认为马克思主义之所以对各国社会主义者具有吸引力，在于它把科学性和革命性有机统一起来，并"直接地提出理论的任务、科学的目的就是帮助被压迫阶级去进行他们已在实际进行的经济斗争"。[3]其次，列宁认为无产阶级政党理应宣传无产阶级科学的思想理论体系，教育无产阶级明晰历史使命，实现阶级自觉。列宁指出："马克思和恩格斯把自己的全部希望寄托在无产阶级的不断增长上。马克思恩格斯对工人阶级的功绩，可以这样简单地来表达：他们教会了工人阶级自我认识和自我意识，用科学代替了幻想。"[4]列宁号召俄国的无产阶级政党深入工人阶级，向一切阶级宣传马克思主义，促使革命者建立组织机构，进而服务他们。最后，列宁阐述了意识形态的党性原则。列宁阐明哲学上唯物主义和唯心主义的党派斗争始终存在，"这种斗争归根到底表现

---

〔1〕《马克思恩格斯文集》（第1卷），人民出版社2009年版，第550页。

〔2〕《马克思恩格斯文集》（第1卷），人民出版社2009年版，第550~551页。

〔3〕《列宁选集》（第1卷），人民出版社2012年版，第83页。

〔4〕《列宁选集》（第1卷），人民出版社2012年版，第89页。

着现代社会中敌对阶级的倾向和思想体系。"[1]列宁还指明无产阶级政党在意识形态宣传教育中要坚持党性原则，坚决反击一些资产阶级学者对"无党性原则"的鼓吹。在《论战斗唯物主义的意义》这篇文献中，列宁强调指出了马克思主义的党性原则，阐明战斗的唯物主义必须同自然科学家、唯物主义者结成联盟，切实回答社会发展过程中衍生出的各种哲学问题，进而促进意识形态党性原则的彻底贯彻。

中国共产党始终坚持科学信仰培育工作的党性原则，强调用马克思主义教育全党和人民大众，注重思想建党。毛泽东成功开展了马克思主义理论教育活动，形成了以研究实际问题为中心的马克思主义学风。邓小平始终坚持党性原则，坚持马克思主义的指导，坚决反对资产阶级自由化思潮，强调理论教育为经济建设服务，反对脱离中国实际抽象地谈论马克思主义。江泽民在十一届三中全会上突出强调用社会主义意识形态统领思想文化阵地，继续坚持和发展了党性原则。胡锦涛以"三个代表"为思想引领，突出强调了共产党学习并践行马克思主义的党性原则。21 世纪以来，随着世界范围内思想文化交流的愈加频繁，意识形态领域的斗争也日趋激烈。在持续推进改革开放的新时代背景下，由于多元文化的传播发展，科学信仰培育工作未免会受到这些外在因素的深刻影响，马克思主义已经过时、意识形态渐趋淡化的观点言论在一些党员干部和人民群众中不断传播，致使一些人的马克思主义信仰发生了动摇。习近平因此提出全面掌握意识形态领导权、管理权和话语权是新时代共产党人的重要职责，需要思想政治工作者继续探索科学信仰培育这个重要话题。

坚持党性原则对于新时代大学生科学信仰培育工作的顺利开展具有十分重要的现实意义。科学信仰教育只有坚持党性原则，才能继续坚持以马克思主义为根本思想指导，大力宣传党的基本路线、形势政策和基本纲领，总结革命经验教训，有力驳斥各种错误的思想论调，进而挫败西方敌对势力分化中国的图谋。科学信仰培育工作要贯彻理论联系实际的原则，自觉站在促进大学生全面综合发展的立场上，尽力解答大学生的思想困惑和实际问题，并不断回应社会主义建设中涌现出来的新问题。

第三，灌输原则。灌输原则是开展理论教育时必须坚持的一项重要原则。

---

[1]《列宁选集》（第2卷），人民出版社 2012 年版，第 240 页。

科学信仰培育工作的灌输原则，是指思想政治工作者有计划、有组织地对大学生进行马克思主义世界观的培育，使他们真心认同马克思主义，科学认知共产主义实现的长期性、复杂性和历史必然性，从而促使大学生形成自觉的思想行为。

灌输原则是马克思主义经典作家坚持的重要理念。1843 年，马克思在《黑格尔法哲学批判》导言中提出了灌输论思想："哲学把无产阶级当做自己的物质武器，同样，无产阶级也把哲学当做自己的精神武器；思想的闪电一旦彻底击中这块素朴的人民园地，德国人就会解放成为人。"〔1〕马克思认为一旦向无产阶级灌输科学的理论，就会推进无产阶级解放运动进程。1844 年，恩格斯在致马克思的信中，强调指出理论教育需要灌输科学的思想观点，坚决反对"把庸人习气带入共产主义运动。"〔2〕1889 年，恩格斯在给德里希·阿道夫·左尔格的信中这样论述："即使掌握了从一个大民族本身的生活条件中产生出来的出色理论，并拥有比社会主义工人党所拥有的还要高明的教员，要用空谈理论和教条主义的方法把某种东西灌输给该民族，也并不是那样简单的事情。"〔3〕列宁全面系统地阐述灌输原则，强调无产阶级政党必须向工人阶级灌输革命理论。在《怎么办》这篇文献中，列宁这样论述："阶级政治意识只能从外面灌输给工人，即只能从经济斗争外面，从工人同厂主的关系范围外面灌输给工人。"〔4〕列宁认为只有灌输科学的思想理论，才能提高工人阶级的革命意识，促使无产阶级从自在阶级转变为自为阶级。

中国共产党坚持贯彻灌输原则，不断用科学的理论教育人民，自觉反对各种错误思潮，促使马克思主义对中国革命和建设发挥了极其重要的指导作用。在新时代，虽然人们的思想观念已经发生了剧烈变化，人民群众的理论水平、文化水平都已经得到了大幅度提高，但是科学信仰培育工作仍然必须坚持灌输原则。一方面，加强对各阶层人民的科学理论灌输是推动社会主义事业健康发展的必然趋势。随着多元文化的传播发展、各种价值理念的交织碰撞，人们的思想意识发生了巨大的变化。面对因为市场经济发展衍生出的

---

〔1〕《马克思恩格斯文集》（第 1 卷），人民出版社 2009 年版，第 17~18 页。

〔2〕《马克思恩格斯文集》（第 10 卷），人民出版社 2009 年版，第 30 页。

〔3〕《马克思恩格斯文集》（第 10 卷），人民出版社 2009 年版，第 575 页。

〔4〕《列宁选集》（第 1 卷），人民出版社 2012 年版，第 363 页。

各种利益纠纷，个别民众甚至开始对社会主义产生怀疑，因此，需要持续不断地加强马克思主义的灌输教育，才能廓清思想认识上的各种困惑，增强人们对社会主义的认同感，进而激发民众建设社会主义的激情。另一方面，加强对各阶层人民的科学理论灌输是同西方资产阶级进行理论斗争的现实需要。随着社会主义建设的蓬勃开展，资产阶级利用各种手段对中国进行意识形态攻击，妄图西化甚至瓦解中国。国内因为市场经济的一些负面影响、精神文化的多元化现实，不仅严重冲击着马克思主义的指导地位，也为非马克思主义思潮的传播发展提供了一定的社会条件。因此，这就需要我们在进行理论教育的过程中一定要坚持灌输原则，不断巩固马克思主义在意识形态领域的指导地位，增强民众辨析社会思潮的能力，进而为挫败西方敌对势力的思想攻击奠定基础条件。

对大学生进行科学信仰培育必须坚持灌输原则，这与教育过程中的强制灌输、硬性灌输以及填鸭式的教学方式具有根本上的不同。坚持灌输原则，具有明确的要求：一是必须随着社会实践的开展不断丰富科学信仰培育内容、完善科学信仰培育方式，采用最适合大学生身心特点和接受能力的方式方法开展科学信仰培育工作，同时也要发挥现代传媒的助推作用。二是培育新时代大学生批判精神和创新能力。适应社会发展变迁的时代需要，不断提升大学生运用马克思主义分析社会现实的能力，提高理论水平，进而增强战略思维能力。三是契合新时代大学生的思想需求和心理接受程度，紧密联系大学生思想实际、深入大学生内心深处，增强科学信仰培育工作的时代感、时效性，使新时代的大学生明晰确立科学信仰观对个人发展的重要性，从而真心认同马克思主义。

第四，自我教育原则。自我教育原则主要是指受教育者根据教育目标和基本要求，有目的、有计划地对自己提出教育任务，自觉把自己视为一个被约束、改造和调控的对象，通过自我学习、自我锤炼和自我教育，实现用科学理论武装头脑的目标，改变对世界的认知状况，进而实现提升阶级意识的目的。

坚持自我教育原则，是马克思主义理论本质的最佳展现。马克思主义是对人类社会发展命运和无产阶级历史使命内在联系的客观描述，是指导无产阶级开展社会运动的科学理论。作为反映人类社会发展客观规律的无产阶级思想体系，从马克思主义的产生过程来看，这一科学的思想理论体系无法从自发的工人运动中产生，必须依靠无产阶级政党持续不断的理论宣传。然而，马克思主义的传播发展、功能作用的发挥，需要自觉的工人运动。无产阶级政党只有向工人阶级不断灌输科学的马克思主义理论，工人阶级自觉主动地掌握思想精髓，并自觉运用马克思主义改造自我，才能实现改造社会的目的。马克思恩格斯在向人民群众灌输马克思主义的过程中，突出强调了科学理论教育需要增强无产阶级的阶级自觉意识，同时考虑人民群众的自我需求，使无产阶级在社会运动实践中认识到马克思主义的科学性、价值性，反对强硬地从外部灌输理论。1887 年，恩格斯在《致弗·凯利——威士涅威茨基夫人》的信中这样阐述："我们的理论是发展着的理论，而不是必须背得烂熟并机械地加以重复的教条。越少从外面把这种理论硬灌输给美国人，而越多由他们通过自己亲身的经验（在德国人的帮助下）去检验它，它就越会深入他们的心坎。"〔1〕

坚持自我教育原则，是无产阶级阶级本性的最好展示。马克思在《共产党宣言》中强调指出了无产阶级的特殊性，无产阶级只有依靠自己才能实现自我解放，进而实现解放全人类的伟大历史使命。"工人阶级的解放应当是工人自己的事情。"〔2〕工人阶级具有的这一特征，决定了无产阶级政党必须提高无产阶级的阶级觉悟，增强无产阶级的阶级意识。无产阶级阶级自觉理念的确立是实现无产阶级解放的重要思想前提，恩格斯因而阐明："真正导致解放的措施，只有在经济变革促使广大工人群众意识到自身的地位，从而为他们取得政治统治开辟了道路的时候，才有可能。"〔3〕毛泽东"从群众中来到群众中去"的群众工作路线，突出强调了人民群众自觉意识的重要性。邓小平也肯定群众自我教育的重要性："马克思主义向来认为，归根到底地说来，历史是人民群众创造的。工人阶级必须依靠本阶级的群众力量和全体劳动人民的群众力量，才能实现自己的历史使命——解放自己，同时解放全体劳动人民。"〔4〕

坚持自我教育原则，符合人的思想发展的内在规律。一个人的思想发展

---

〔1〕《马克思恩格斯选集》（第4卷），人民出版社 2012 年版，第 588 页。

〔2〕《马克思恩格斯选集》（第3卷），人民出版社 2012 年版，第 366 页。

〔3〕《马克思恩格斯全集》（第 38 卷），人民出版社 1972 年版，第 59 页。

〔4〕《邓小平文选》（第 1 卷），人民出版社 1994 年版，第 217 页。

总是经历一个从未知到知、从自发的认知到自觉的认知的复杂过程，在这样一个过程中，内因和外因协同发挥作用，但从总体上说，内因占据第一位。一个人只有增强自我意识，确立自我发展的现实需要，才能更好地接受一种理论，进而确立一种信仰。新时代大学生只有发挥个体自觉性，增强自我意识、自觉学习理念，才能使马克思主义真正成为自我教育的重要内容。

在对新时代大学生进行科学信仰培育的过程中，需要明确把握几个问题。首先，着力发挥自我教育的功能。新时代大学生要明晰自我教育的重要性，站在个体发展的角度认真把握科学信仰的基本理论、主要内容，认知确立科学信仰观对个体发展和国家发展的重要意义。在社会急剧变革的新时代，各种思想观念的交织碰撞、各种利益纠纷的不断呈现，都对大学生科学信仰观的确立构成严重威胁。大学生要增强历史使命感和责任感，提高自我学习能力，增强对马克思主义理论和党的各项政策的深入理解，进而确立科学的信仰观。其次，促进自我教育与教育的辩证统一。在经济全球化、信息多元化和文化多样化的新时代，市场经济的嬗变导致了多元利益主体的形成、精神生活多元化的出现，如果缺乏马克思主义的宣传引导，仅靠个体的自我教育，将很难实现运用科学理论培养新人的目的。自我教育强调突出自我需要的实现、自我觉悟的提高，使其在任何教育环境中，能够发挥学习的主动性。因此，要极力促进自我教育与教育的和谐统一，坚决避免形式主义、教条主义。最后，回应新的时代问题，直面现代传媒的各种严峻挑战。在传统条件下，报刊、广播、电视等传统媒体都有效发挥了宣传马克思主义的重要作用，也取得了较为显著的成绩，并在一定程度上提高了自我教育水平。但在新媒体时代，网络世界的虚拟性特征给自我教育带来了极其严峻的挑战。一方面，互联网对社会主义意识形态的传播增加了大学生深入了解马克思主义的更多机会，但另一方面，网络社会的复杂多变性又对科学信仰培育工作带来了严重的思想冲击。因此，政府要加强对互联网的管控，学会运用现代传媒加强对马克思主义的宣传，为新时代大学生提供海量的可供选择的信息资料。科学辨析，辩证分析各种思潮，提高甄别社会思潮的能力，进而提高自我教育的能力和水平。

二、新时代大学生科学信仰培育的主要内容

如何对新时代的大学生进行科学信仰教育，使其坚定共产主义信念、确

立科学的信仰观，是高校面临的一项非常重要的历史任务。随着中国改革开放的逐渐深入，各种文化的不断传播发展，中国传统文化受到前所未有的挑战，呈现出传统文化同非传统文化、西方外来文化交织共存的复杂局面。文化的发展为人们选择思维方式提供了诸种可能性，但也加剧了人们的思想困惑，引起了对生命问题的诸多思考，从而提出了科学信仰培育问题。由于新时代社会环境的复杂多变性，各种诱惑又在无形中影响大学生的思想意识，因此，科学信仰培育要关注丰富的内容。

为了培育新时代大学生科学的世界观，实现对生命意义的真正追问，需要对大学生开展多层次、全方位的科学信仰培育。这主要集中在科学世界观教育、理想信念教育、马克思主义信仰教育、社会主义核心价值观的宣传教育、依法治国理念的宣传教育和生命信念教育等，使大学生科学信仰培育工作具有丰富的内容，在实际工作中能够真正得到落实。

（一）科学世界观教育

科学世界观是人们获取科学知识、认识复杂社会现象的思想武器，是大学生确立正确的人生观、价值观的理论指南，也是开展科学信仰培育的重要基础。科学世界观的确立，离不开无产阶级政党对宗教本质的批驳、无神论宣传教育活动的开展以及系列宗教政策的制定。马克思主义经典作家科学阐述了宗教起源、宗教发展规律以及宗教社会作用等，促进了无产阶级科学世界观的形成和发展。随着社会的发展变迁，无神论思想也在不断发展和完善。无神论思想是时代的产物，是适应时代要求而产生的，而"我们只能在我们时代的条件下去认识，而且这些条件达到什么程度，我们才能认识到什么程度。"[1]

科学世界观体现了人对世界图景的清晰认知，是人们因为世界运动、人生发展和精神世界不断丰富而提出的科学辩证的思想观点。科学世界观认为世界上不存在任何超自然的神，坚决否定宗教有神论和鬼神迷信学说。对新时代大学生进行科学世界观教育是一个循序渐进的过程，应结合瞬息万变的时代背景、受教育者的思想实际和身心特点，选择科学合理的方式才能达到比较理想的教育效果。

---

〔1〕《马克思恩格斯选集》（第4卷），人民出版社1995年版，第337~338页。

第一，党对宗教问题的重视。

我国是一个多民族国家，宗教问题长期存在，并构成党和国家工作的重要组成部分。由于宗教政策涉及不同民族之间的宗教信仰和宗教感情，具有特殊复杂性，因此对宗教政策的宣传也要详细考虑这些因素。

中国共产党一直重视宗教问题，根据不同历史时期的实际工作需要，制定了一系列的相关政策。只有不断加强对宗教政策的宣传，才能促进对宗教本质的了解，进而为科学世界观的确立奠定理论基础。

中国共产党对宗教政策的宣传要坚持历史主义原则、具有世界视野。改革开放以来，在中国共产党的领导下，我国宗教工作取得了巨大成就，民族地区的经济迅速发展。但仍要清醒地认识到，由于历史和现实的诸多原因，宗教工作还存在不少问题，仍然在一定程度上影响着社会发展的整个进程。宗教具有长期性、复杂性和世界性的特征，决定了处理我国宗教问题时，必须具有世界胸怀和历史眼光，并关注宗教历史发展过程和发展趋向。2001年12月，江泽民在全国宗教工作会议上，在深刻阐述世界宗教问题的基础上强调指出宗教不是孤立存在的，要从历史和现实两个角度考察宗教，一方面，认识到宗教具有深刻的社会历史根源，将会长期存在并发挥作用。另一方面，认识到宗教往往同现实的国际斗争和国际冲突相联系，在一定程度上影响国际政治发展趋向。习近平在主持十八届中央政治局第十四次集体学习时强调指出："要正确把握党的民族、宗教政策，及时妥善解决影响民族团结的矛盾纠纷，坚决遏制和打击境内外敌对势力利用民族问题进行的分裂、渗透、破坏活动。"[1]

中国共产党对宗教政策的宣传需要科学把握马克思主义宗教观的丰富内容。马克思主义宗教观的形成经历了一个长期的历史发展过程，包含着丰富的内容，需要立足于历史和现实的角度去深入挖掘。马克思主义宗教观是马克思恩格斯在19世纪40年代创立的，由列宁以及中国共产党进一步丰富和发展。它主要包含以下内容：宗教是一种社会意识，属于社会的上层建筑，要运用社会存在决定社会意识的辩证关系原理来加以阐明；宗教产生于客观的现实生活之中，要在生产力与生产关系、经济基础和上层建筑的矛盾运动中去探寻；要根据宗教产生和存在的历史条件，阐明其形成和发展的历史过

---

〔1〕 习近平：《习近平谈治国理政》，人民出版社2014年版，第203页。

程；宗教消亡必然要经历一个漫长的历史发展过程，要做好充足的心理准备。解决社会主义社会的宗教问题，科学阐明科学社会主义与宗教的根本对立性，需要无产阶级政党实行宗教信仰自由政策，促进教会同国家分离、学校同教会分离，随时反对在宗教问题上左和右的两种错误倾向。

宗教是对当今世界发生重要影响的世界性问题，它代表着无数人深沉的精神追求。对宗教政策的宣传是开展科学信仰教育的重要议题，需要社会各界协同行动。

第二，不断加强哲学素养教育。

哲学是研究人与世界关系的学说，是对思维和存在、精神和物质关系的科学把握。人们在改造客观世界的过程中，往往会按照自己的主观意愿和惯有的思维方式去看待世界，并试图使外部世界按照自己的意愿发展，这就必然产生思维和存在的关系问题。恩格斯在总结哲学发展历史时明确提出："全部哲学，特别是近代哲学的重大的基本问题，是思维和存在的关系问题。"[1]思维和存在的关系问题是哲学的基本问题，对两者关系的不同回答形成了唯物主义和唯心主义两大基本派别。

加强哲学素养教育，需要科学把握唯物主义的历史发展形态。唯物主义发展经历了古代朴素唯物主义、近代形而上学唯物主义和辩证唯物主义三个发展阶段。古代朴素唯物主义指出世界的本原是物质，世界起源于物质、统一于物质。但是，他们却把世界的物质统一性归结为某一种或某几种具体的原初物质。中国古代的"五行说"认为宇宙万物是由水、木、金、火和土五种元素组成的。古希腊唯物主义学派认为世界是由某一种或某几种具体物质发展而来，泰勒斯认为水是万物的始基，阿那克西曼德和阿那克西米尼分别把宇宙的始基归结为无限和气。赫拉克利特认为火是世界的本原："这个世界对一切存在物都是同一的，它不是任何神所创造的，也不是任何人所创造的；它过去、现在和未来永远是一团永恒的活火，在一定的分寸上燃烧，在一定的分寸上熄灭。"[2]由于深受历史和阶级条件的制约，又缺乏科学的理论论证，唯物主义原则在历史领域中无法真正得到贯彻。形而上学唯物主义学者

---

[1]　《马克思恩格斯选集》（第4卷），人民出版社1995年版，第223页。
[2]　北京大学哲学系外国哲学史教研室编译：《古希腊罗马哲学》，商务印书馆1982年版，第21页。

主要包括 17 世纪英国唯物主义者培根、霍布斯、洛克等，18 世纪法国唯物主义者拉美特利、狄德罗、霍尔巴赫、爱尔维修等，以及 19 世纪德国唯物主义者费尔巴哈等。这些唯物主义者以实证科学为基础开展对自然现象的研究，探讨人与自然的关系、世界的物质统一性问题，完成了认识论转向，形成了经验论与唯理论两种对立的思想流派，进而去探讨人与自然的关系、世界的物质统一性问题。形而上学唯物主义与近代科学相联系，克服了古代朴素唯物主义的局限性，但由于当时的自然科学还没有发展到比较完善的程度，仍然处于"搜集材料"阶段，因此，这时的唯物主义因而呈现出机械性、形而上学性和不彻底性的特征。辩证唯物主义也是新唯物主义，它是马克思恩格斯在 19 世纪中叶随着社会经济发展、阶级斗争实践和自然科学发展而形成的理论成果，是马克思恩格斯在吸收人类文化遗产的基础上形成的，是对古今中外一切哲学思想的思考总结。这种新唯物主义以科学实践观为基础，实现了唯物主义和辩证法、唯物辩证的自然观和历史观的高度统一，进而把唯物主义提升到现代形态。"现代唯物主义，否定的否定，不是单纯地恢复旧唯物主义，而是把两千年来哲学和自然科学发展的全部思想内容以及这两千年的历史本身的全部思想内容加到旧唯物主义的永久性基础上。"[1]

加强哲学素养教育，运用辩证思维和发展理念看待人生问题、分析社会现象。一方面，坚持联系发展的观点直面人生的各种问题。明晰一个人的成功取决于多种因素，不可忽视社会环境、人生机遇等外在因素的影响，更要明确个人主观努力的重要性，在奋力拼搏中处理好与他人、社会的关系，努力使自己的人生多姿多彩，充满生命的亮色。另一方面，正确对待人生的名誉得失、利益问题和生死问题，辩证看待人生的挫折和困难。在人生的各种困难面前，要保持乐观的心境，以豁达的人生态度面对，相信前途是光明的、道路是曲折的的历史发展规律，努力拼搏、奋勇前进。同时，正确看待各种利益得失，守住人生底线，使自己的人生精彩纷呈，而不是受制于各种利益关系。

只有深入了解唯物主义的历史发展进程和基本内容，运用辩证观点指导自己的思想行为，才能不断促进哲学素养的提升，进而为科学世界观的形成奠定坚实的理论基础。

---

〔1〕《马克思恩格斯选集》（第 3 卷），人民出版社 1995 年版，第 481 页。

第三，深入把握自然科学和社会科学的相关知识。

唯物论以自然科学为支撑，自然科学是推动唯物论发展的重要条件。由于马克思主义哲学以辩证唯物主义和历史唯物主义为理论根据，以现代自然科学的伟大成就为基础条件，因此只有掌握丰富的自然科学知识，才能促进唯物论思想的形成。我国从小学阶段就开设了自然科学课程，目的是为了使学生从小就掌握自然科学知识。为了促进唯物论思想的发展，自然科学教育要贯穿整个教育过程。在每个教育阶段，需要根据学生的身心特点，设置不同的课程体系，以确保教学内容具有系统性。通过教育工作者的教育引导和学生对自然科学课程的不断学习，使学生在掌握自然科学的基础上确立科学的思维品质，逐步形成科学的世界观。在讲授自然科学问题时，教育者要自觉把对自然科学知识的传授和唯物辩证的世界观的确立紧密联系在一起。随着自然科学的发展，在其领域中也会出现新的分化和发展，诸如特异功能、心理玄学等，这些都会在无形中影响自然科学的宣传教育。因此，教育工作者应该科学引导新时代的大学生确立批判思维，辩证分析科学领域中不断涌现的新问题，进而促进科学世界观的确立。

社会科学具有丰富的内容，历史知识、法律理论、政治经济学常识、文学常识、哲学理论等，都属于社会科学范畴。由于社会科学的思想内容非常丰富，因此在讲授社会科学知识的过程中，理应突出唯物论的思想内容。要使学生受到社会科学文化知识的教育，能够运用历史唯物主义的观点和方法分析社会问题，揭示社会发展的规律性，区分社会发展规律和自然发展规律的不同，进而澄清人们对社会发展规律的错误认知。在社会历史领域，人们的自觉活动是对社会发展规律的反映，每个人的活动都具有一定的目的性，历史是"这许多按不同方向活动的愿望及其对外部世界的各种各样作用的合力。"[1]正是社会发展规律的这一特点，造成了人们对社会发展规律的认知困难，隐藏在历史深处的偶然性被遮蔽，进而无法透过历史的偶然性探寻历史的必然性。社会科学体现了对社会现象的深入研究，具有自己的特点和规律。对学生进行科学世界观教育时，要把握社会科学的这种特性，揭示社会历史现象的本质和规律。随着自然科学的发展，社会现象也越来越复杂，这无疑加大了认识社会历史现象的难度。因此，必须认真把握社会历史发展规律，

---

〔1〕《马克思恩格斯选集》（第 4 卷），人民出版社 1995 年版，第 248 页。

促进科学世界观的确立。

（二）社会主义核心价值观的宣传教育

价值观作为意识形态层面的概念，对人们的日常生活具有重要的指导作用。社会主义核心价值观符合中国国情，顺应国家主流意识形态的发展。其提出不是一蹴而就的，而是经历了一个漫长的过程。党中央在加强我国精神文明建设的基础之上，提出了社会主义核心价值体系，经过不断地凝练、创新和发展，才逐渐形成这一科学的思想理论成果。

改革开放给我国的精神文明建设带来了巨大的挑战，因此党的十二大提出了精神文明建设的任务和内容。党的十三大又提出必须以马克思主义为指导，努力建设精神文明。党的十四届六中全会讨论并通过了《中共中央关于加强社会主义精神文明建设若干重要问题的决议》，其中对精神文明的指导思想、奋斗目标、具体要求等做出了明确规定，从而构成社会主义核心价值体系的基础。党的十六届四中全会提出了构建社会主义和谐社会的任务，体现了对我国传统文化中和合思想的继承和发展。在党的十六届六中全会上，又提出了建设社会主义核心价值体系的历史任务，指出主要包括马克思主义指导思想、中国特色社会主义共同理想、以爱国主义为核心的民族精神和以改革开放为核心的时代精神以及社会主义荣辱观四个方面的内容。这四个方面相互联系，互相影响，构成一个有机整体。

社会主义核心价值体系具有丰富的内容，因此科学理解和全面把握这一科学的思想理论体系存在一定的难度，这就要求对社会主义核心价值观加以凝练。党的十八大提出了"三个倡导"，从新的层面进一步深入阐释了社会主义核心价值观。富强、民主、文明、和谐是国家层面的价值目标，它立足于我国社会主义初级阶段的基本国情、社会主义现代化建设目标，具有非常重要的历史地位。自由、平等、公正、法治是社会层面的价值目标，是社会稳定和发展的重要基石。爱国、敬业、诚信、友善是个人层面的价值目标，对公民道德建设做出了具体规定。2013年12月，中共中央办公厅印发《关于培育和践行社会主义核心价值观的意见》，明确提出以"三个倡导"为基本内容的社会主义核心价值观，它与中国特色社会主义发展要求相契合，与人类优秀文明成果相承接，可以促进中华优秀传统文化的发展，以及全社会价值共识的凝聚。社会主义核心价值观能够引领社会思潮，是全社会统一思想、坚定理想信念和形成强大精神动力的思想武器。社会主义核心价值观有助于大学生坚定马克思主义信仰，形成积极健康的社会心态和良好的道德意识，进而充分体现其科学的导向功能。

第一，社会主义核心价值观有助于大学生坚定理想信念。由于深受西方各种社会思潮的影响，部分大学生对社会主义前途产生悲观失望的情绪，对马克思主义理论产生怀疑，对走中国特色社会主义道路的信念也产生动摇，因此需要帮助大学生坚定理想信念。社会主义国家层面的价值观，即富强、民主、文明、和谐指出了全国人民的共同理想，而实现这一远大的理想需要凝聚全民族力量，共同奋斗。只有确立了共同的理想，才能产生强大的凝聚力和向心力。共同的理想信念是社会主义革命和建设事业取得胜利的强大精神动力，也发挥着理论指导功能。大学生是国家建设的接班人，因此他们需要坚定政治信仰，确立理想信念，也需要构建共同的精神支柱，提高思想认识，进而肩负起民族复兴的历史使命。把理想信念教育融入形式多样的校园文化活动中，大力弘扬中国精神，培育革命道德，继续开展爱国主义和社会主义的宣传教育，加强对爱国主义和社会主义的宣传教育，在不断丰富大学生精神世界的同时，使他们逐步增强对社会主义的认同感。发挥理想信念的重要作用，这对于应对新时代各种严峻的挑战，促进科学信仰培育工作的顺利开展具有深远的现实意义。

第二，社会主义核心价值观有助于培育大学生良好的道德意识。随着社会主义市场经济的深入发展、各种文化的发展，中国社会正处在一个道德的转型发展期，在社会充斥个人主义思想的同时，高校大学生群体中也出现了道德意识失范、功利主义思想滋生等一系列问题，因此需要加强对新时代大学生的道德意识培育，不断规范其思想行为。社会主义核心价值观个人层面的"爱国、敬业、诚信、友善"的内容，是对中国传统文化所蕴含的爱国主义精神、诚信仁爱的价值理念的继承发展。从提出"天下兴亡，匹夫有责"的顾炎武到刘胡兰为国家和民族慷慨就义，体现国人的爱国主义情怀；从"立木为信"到"一诺千金"生动诠释了诚信至上的价值理念；等等，这为大学生提供了榜样示范，对道德意识的培育起到了引领作用。社会主义核心价值观的宣传教育要深入校园生活、贴近学生，为大学生提供一个良好的社会环境氛围。同时，高校也要大力倡导"爱国守法、明礼诚信、团结友善、勤俭自强、敬业奉献"的基本道德规范，不断引导大学生确立良好的社会规范、道德意识，逐步提升道德素养。因此，要深入开展社会主义核心价值观在校园的宣传教育，开展形式多样的教育活动，使大学生在逐步践行的同时能够不断提升和发展自己。

第三，社会主义核心价值观有助于大学生确立积极向上的社会心态。由于中国社会经济发展迅速，思想观念发生深刻变化，严峻的社会现实也对大学生的学习生活产生了一定影响。学业的紧张与考试竞争的激烈，就业压力的不断增大，对个人未来发展的迷茫，使得部分大学生产生了焦虑浮躁的不良情绪、莫名的恐慌感以及对现实的冷漠感等，严重影响了大学生的身心健康。因此，重视对大学生社会心态的培育非常必要。将社会主义核心价值观融入大学生内心深处，不断培育大学生积极向上的人生态度、理性平和的学习心态及自尊自信的精神品格，进而促使大学生确立阳光的社会心态。社会主义核心价值观强调人的自由平等性，法治观念的公平正义性以及适宜社会环境的重要性。在这种环境氛围下，需要建立心理咨询平台给予适当的心理疏导。同时，还要建立相应的制度保障，为大学生社会心态的培育提供制度基础，进而使大学生能够充满自信，并朝着阳光社会心态发展。大学生只有拥有阳光的社会心态，才能在社会大环境下发挥主观能动性，进而确立科学的信仰观。

（三）依法治国理念的宣传教育

依法治国是一个治国理念，指的是广大人民群众在党的领导下，依照宪法和法律规定，通过各种途径和形式管理国家事务、经济文化事业和社会事务，保证国家各项工作都依法进行，逐步实现社会主义民主的制度化、法律化，使这种制度和法律不因个人意志而改变。依法治国理念内容丰富，涉及立法、执法、司法、守法和司法队伍建设等，主要包括构建中国特色社会主义法治体系，坚定中国特色主义法治道路；推进宪法的实施和完善；深入推进依法行政，加快建设法治政府；保证公正司法，提高司法公信力；增强全民法治观念，推进法治社会建设进程和加强法治工作队伍建设等。

我国的依法治国理念可以追溯到1978年确立的"有法可依，有法必依，执法必严，违法必究"的十六字法制建设方针，该方针的提出奠定了依法治国理念的历史基调。2014年9月5日，在庆祝全国人民代表大会成立60周年的会议上，习近平发表重要讲话，强调"奉法者强则国强，奉法者弱则国弱"，坚定了全面推进依法治国的决心。2014 年 10 月，党的十八届四中全会通过了《中共中央关于全面推进依法治国若干重大问题的决定》，提出了全面深化改革、完善和发展中国特色社会主义制度，提高党的执政能力和执政水平必须全面推进依法治国。可以说，依法治国理念不仅是对十八届四中全会重要精神的贯彻，也是"四个全面"战略布局的重要内容，同时也是对社会公平、法治和正义理念的彰显。

对大学生进行依法治国理念教育有利于保障我国意识形态安全，维护国家稳定，也为大学生提供正确的价值导向，保障其个体全面发展，进而促进其确立科学的信仰观。

第一，依法治国理念教育有助于为科学信仰培育提供良好的社会环境。意识形态安全是国家安全的重要组成部分，依法治国理念的宣传教育可以保障我国的意识形态安全，促进社会和谐稳定。

一是依法治国理念教育能够维护政权的合法性，为科学信仰培育提高政治基础。政治意识形态是指维护或批判某种政治法律制度和国家政权的思想观念，它直接决定着国家政权的社会性质。任何一个政权，为了维护其政治统治，都必须具有一定的合法化资源作为保障，总是竭力用代表本阶级利益的思想体系来教化人民，巩固本阶级的统治地位，为执政党提供合法性辩护，国家政权的合法化关键在于其政治意识形态的安全与否。依法治国理念能够在很大程度上保障共产党执政地位的合法性，维护马克思主义在意识形态领域的主导地位，进而保障政治意识形态安全，保证我国的政治稳定。依法治国也是现代国家治理体系的重要组成部分，代表现代国家治理的基本价值取向，是彰显社会公平正义的重要手段，有助于实现治理体系所追求的价值目标，有效推动国家治理能力现代化的实现，进而确保国家发展的稳定性。大学生是未来国家建设和发展的生力军，对其开展依法治国理念教育非常必要，关乎着国家的稳定发展。

二是依法治国理念教育是我国经济建设的客观需要，为科学信仰培育提供经济条件。依法治国理念是新一届中央领导集体"四个全面"战略布局的重要组成部分。经济意识形态是维护或反对某种经济制度、经济形式的思想体系，在本质上是以经济制度为出发点，为国家政权的存在进行合理性的辩护。一个国家市场经济的完善程度在很大程度上取决于其法治的健全程度。法治越健全的国家，其市场经济也越完善。良好的法治环境，能够促进社会经济快速发展。大学生是未来社会建设的主力军，他们法律素养的高低对我国经济的发展起着直接的影响作用。因此，为了促进市场经济快速发展，必须加强对大学生的依法治国理念教育。加强大学生法治理念教育是我国经济建设的客观需要，有利于维护我国经济意识形态安全，保障我国社会主义市场经济平稳运行。

三是依法治国理念教育是我国文化建设的现实需要，为科学信仰培育提供文化氛围。文化意识形态是道德观念、价值理念、心理意识、风俗习惯的综合，在阶级社会中为统治阶级所倡导，为经济基础服务，以政治法律思想为核心，诸种思想观念相互作用而展现出来的思维价值取向。从一定角度来说，文化与法治密切关联，依法治国理念与社会主义文化建设息息相关。一方面，依法治国理念教育是传播社会主义文化的重要途径。大学生依法治国理念的教育本身就是对社会主义文化的传播发展。因此，加强大学生依法治国理念教育可以很好地推动文化的传播发展，大学生在学习法律知识、体会法治理念的同时，也被社会主义文化的精神所熏陶，特别是社会主义法治文化。另一方面，依法治国理念教育是社会主义精神文明建设的助推器。大学生依法治国理念教育是高校精神文明建设的重要组成部分，是思想道德建设和教育科学文化建设的有机结合。高校作为优秀青年人才的聚集地，承担着对大学生进行思想道德教育的重要任务。因此，加强依法治国理念教育可以更好地实现对大学生道德教育的重要任务。我国社会主义法律与道德的基本要求具有一致性，高校可以通过开展依法治国理念教育，引导大学生按照法律的基本要求规范自己的行为取向，完善自己的道德行为，把法律的刚性要求转化为内心自觉的道德修养，把内在的思想修养外化为一种行为习惯，不断提高自己的思想觉悟，进而不断推动我国思想道德建设的进程。同时，依法治国理念教育能够使大学生不断增长法律知识，丰富大学生的科学文化知识。因此，开展大学生依法治国理念教育是我国社会主义精神文明建设的现实需要，必须根据社会主义建设的实际进程而逐步推进。

第二，依法治国理念教育能够正确指导大学生的知情意行，为科学信仰观的形成奠定思想基础。开展大学生依法治国理念教育，不仅可以丰富大学生的法律知识，还可以培养大学生的法治意志，规范大学生的日常行为，从知情意行四个方面引导学生，促进个体的全面发展，推动科学信仰观的形成。

一是丰富学生的法律知识，提高大学生法律素养。对法律知识的认知，是践行依法治国理念的基础。在新的时代背景下，法律成为人生存的基本要素，法律已经触及社会生活的各个方面。社会的迅速发展也越来越需要具备综合能力的复合型人才，这意味着大学生需要具备法律素养，掌握一定的法律知识，进而更好地适应社会发展的现实需要。只有明确"为什么知""知什么"这两个问题，才能为行为的外化奠定良好的基础。要懂专业知识、要懂法律常识，才能为社会发展做出应有的贡献，推动社会主义建设顺利发展。

二是培养学生深厚的爱国情感，保持对法律的敬畏感。深沉的爱国情感是践行依法治国理念的关键。依法治国理念是社会发展的时代必然，可以更好地规范社会秩序，促进国家发展、民族振兴和人民幸福，也必将引领我国走向光明未来。要使每一个学生都对法律充满感情，努力学习法律知识，形成对法律的敬畏感。开展依法治国理念教育能够通过合情合理的方式，引导学生加强对依法治国理念的深入了解，形成对法律的敬畏感。

三是坚定大学生依法治国的意志，为践行依法治国理念提供保障。在欲望容易膨胀、理想信念极易产生动摇的现代社会，受社会主义市场经济的深刻影响，依法治国的意志是否坚定，关乎能否在现实生活中贯彻落实。依法治国理念教育能够增强大学生践行依法治国的意志，培养学生的独立性、果断性和自制力等。在现实生活中，大学生只有具备了独立性，才不会轻易屈从外部压力；具备了果断性，才会勇于承担责任，能够在是非、善恶、荣辱面前做出正确选择；具备了自制力，才会掌握主动权，能够经受住各种考验，并经常自警自励。由此可见，依法治国理念教育不仅能够培育大学生的法律意识，锻炼大学生的法律思维，提高大学生的法律素养，还能够深刻影响大学生的是非判断、价值选择、实践能力等。

四是提高大学生知法守法的自觉性，规范大学生的行为。"行"是对依法治国理念认知、情感、意志的外在表现，也是检验是否践行依法治国理念的根本标准。依法治国理念教育在提高大学生辨别善恶美丑能力的同时，引导大学生能够从自身做起，把对依法治国理念的认知、情感、意志自觉转化为日常行为方式和行为习惯，这就大大降低了大学生的犯罪率。大学生在自律的同时，还能够监督他人，形成良好的社会风气，进而促进社会主义法治国家的构建。

（四）生命信念教育

人的肉体生命是人各种活动的承载者，如何对待生命问题关系到人类社会的存续发展。从古至今，生命一直是人类社会的永恒话题，无数哲人提出了关于生命问题的诸多见解和理论观点，它启示人们要尊重生命、对生命怀有激情和信念。生命信念教育具有多个层面的含义，从狭义上讲，生命信念教育指对个人生命、他人生命以及自然界生命的关注，追寻生命本身的意义。从广义上讲，生命信念教育的内涵更加广泛，包括对生命本身的关注，对生命价值的追问，以及对人的生存能力、生存技能的培养。通过生命信念教育，传递生命的热情和力量，使人能够更好地体会生命的价值和意义，促进肉体生命和精神生命的双重发展，在焕发生命之美的同时也彰显了蓬勃的生命力。生命信念教育的含义更为广泛，主要包括生命意识的培育、生存能力的提升以及生命价值的升华等。生命信念教育源于对生命起源的科学认知，对个体生命的无限敬畏。劳动是人类生存的第一个前提条件，劳动创造了人，也赋予人追求生活的勇气，使人成为肉体与灵魂的统一体。人在旅途中，在体味生命的过程中，便产生了人向往永生，但人终将死亡的这一永恒存在的矛盾，也意味着人生始终面临暂时与永恒、现实与理想的矛盾冲突。生命信念教育体现了对人生基本矛盾的理解和把握，实践活动是人类存在的重要体现，赋予人类生存的基本要义。有人才会产生对生命的信念，而信念又在人类的实践活动中不断得到发展。马克思曾经指出："一个种的整体特性、种的类特性就在于生命活动的性质。"[1]这充分说明了物种的存在方式是个体生命活动的基础。正是实践活动创造了人类生存与发展的根本条件，实践因此成为人的安身立命的根本。

　　实践活动是确立生命意义、坚定生命信念以及超越人生希望的重要基础。实践促进人的本质力量对象化，创造人类世界，人类世界形成之后又在制约自在世界。实践又不断打破自在世界的界限，逐步展现人的本质力量，进而满足人的愿望、实现人的理想并孕育新的希望。希望促进生命的孕育，是对现实社会的积极肯定，以及达到某种目的的一种强烈愿望。实践活动的超越性孕育了希望，希望又不断超越实践活动的局限性，达到一个理想的状态：一方面，希望是在人类社会实践基础上产生的一种积极的思想状态，人们在改造世界的活动中内化为人类特有的心态，即要立足现实，面向未来并对未来充满希望。另一方面，因为实践活动而创造的生产工具、科学技术等作为

---

〔1〕《马克思恩格斯选集》（第1卷），人民出版社2012年版，第56页。

一种对象性存在，在现实生活中有可能成为人们发展的重要障碍，因此也就成为人们希望超越的对象，这也就意味着生命信念教育的重要性。希望和实践是两个截然不同的范畴，两者不能相互取代。其一，人类社会不能仅靠希望而存在，人类生命依靠实践而维系，人类的生存和发展离不开实践。马克思指出人类如果停止了劳动，将会不可避免地走向灭亡，人类物质生活需要的满足只能依靠实践，不能依靠希望。其二，希望也具有超越性。因为人类生活的意义要通过个体生存活动而展现，人生意义在世代延续的生命活动中不断展示。人类能够不断超越有限、走向无限，取决于精神实践的内在要素——希望，人生没有了希望，人也将无所追求，人生也就失去了价值和意义。人类在实践活动中不断思考人生、追问生命，在希望中思考生命的意义和价值。正是在对生命的不断思考中，人类不断超越希望，对生命拥有永恒的信念，并逐渐探索出生命信念教育的诸多措施。

第一，科学认知生命的特性和价值。生命是一个有价值、有意义的完整统一体。人只有拥有健康的体能、良好的心态和乐观的心境，才能使生命焕发激情和活力。一方面，科学认知生命的独特性。人的生命具有无可替代的独特性，因为这个世界上不存在两个完全相同的生命个体。因为每一个活着的生命个体都具有独特性，因此，人要对生命怀有敬畏之心，要珍惜生命。在人生的漫长旅途中，人总会遇到各种挫折或困难，因此要保持乐观的心态，以极大的勇气去面对，并努力克服生命旅途中的各种困难，进而活出一个独特的自我。另一方面，科学认知生命的现实性。人的生命具有现实性，要实现人生价值，提高生命质量，必须关注人的现实生活、活在当下。只有现实生活充满阳光与正义，人们才能深切体会到生命的意义和价值，才会对未来充满希望。生命具有平等性，在广阔无限的时空面前，每人都是渺小而平等的个体。但只要个体一直心怀希望，就能像大自然创造生命那样积蓄力量，奋力拼搏，孕育智慧。人类正因为无数个体的拼搏努力而生生不息地存续发展，生命也因此获得了尊严和价值。生命具有短暂性，正是因为生命的短暂，人们才要学会珍惜，让生命变得有意义。人的一生犹如白驹过隙，人只有努力去创造，才能实现人生价值，做到无悔于生命，进而体现生命的意义。

第二，确立生命意识，勇于追求自我。在社会转型期，市场经济的发展对人们产生了强烈的思想冲击，对新时代大学生也产生了一定影响，而就业无非是影响他们生活的重要因素。在严峻的就业形势下，许多大学生对这个竞争激烈的社会充满了迷茫困惑，有的大学生甚至在挫折面前轻易放弃了生命。还有的大学生因为感情生活受挫，也会选择为此殉情。这都体现了对生命的极大不尊重。作为担当未来社会建设重任的新时代大学生，面对当前社会的各种压力，应该学会尊重生命，积极乐观地面对人生的诸多困难，使自己的人生焕发出绚丽的色彩。自由是人的生命发展的理想状态，体现了对人类价值的创造程度。要创造性体现对生命的珍视，不断培育创新品质，进而为实现人生自由、凸显人生价值提供基础条件。

第三，培育生存技能，勇敢面对人生的困难和挑战。要想在社会大舞台上勇敢展示自我，必须培育人的生存技能、提高人的生存能力。在懵懂无知的远古时代，古人正是学会了最基本的生存技能，才增强了人类应对自然灾害的能力，中华民族才得以生生不息地繁衍下去。在瞬息万变的新时代，因为科学技术的发展带给人们很多便捷，人们只要轻轻地点击一下鼠标，就几乎能够购买到人们所需要的任何产品。在享受高科技带来便捷的同时，我们的生存技能也日趋面临严峻挑战。生存技能的培育是生命信念教育的重要组成部分，在这个竞争激烈的社会，新时代的大学生更应培育自己的生存技能，做出理性的选择。生命具有完整性，也充满亮丽的色彩，要想使大学生的生命底色精彩纷呈，思想政治工作者不仅要关注科学技术知识的传授，更要重视人文精神的培育。20世纪以来，一些思想家忧思科学精神与人文精神的对立，认为这是对现代文明最为严重的威胁。面对大学生刘海洋用硫酸伤熊事件，许多学者指出这是因为缺乏对生命价值最起码的尊重。由于大学生看到的是一个抽象化的、碎片化的个体，而科技又只关注人如何生存的问题，大学生因而容易陷入科技和人文的二律背反之中。人活着需要精神的支撑，生命本身就是一种追求。为了理想，秋瑾高呼："一腔热血勤珍重，洒去犹能化碧涛"，谭嗣同大笑："我自横刀向天笑，去留肝胆两昆仑"，梁启超呐喊："男儿志兮天下事，但有进兮不有止。"新时代大学生只有对人生心怀希望，才会付出艰辛的努力，并勇于克服一切困难和挫折，进而不断完善自我。新时代的大学生只有培养生存技能，积极参加社会实践，才能在人生的各种实践活动中实现人生理想，找寻生命坐标。

第四，探寻生命的价值和意义。生命价值是对人活着的意义、人对社会的发展所做贡献的深刻思考，社会实践是展示生命价值的重要方式。新时代的大学生理应合理设计自己的职业规划，选择过一个有意义、有价值的人生。马克思在他的中学毕业论文中写下这样一段振奋人心的话语："如果我们选择了最能为人类而工作的职业，那么，重担就不能把我们压倒，因为这是为大家作出的牺牲；那时我们所享受的就不是可怜的、有限的、自私的乐趣，我们的幸福将属于千百万人，我们的事业将悄然无声地存在下去，但是它会永远发挥作用，而面对我们的骨灰，高尚的人们将洒下热泪。"[1]这是马克思对生命价值的最好阐释。马克思一生都为人类解放事业而不懈奋斗，也在不断践行着为人类幸福而奋斗的誓言，其浩瀚的巨著体现了对人类文明发展的贡献。毛泽东、邓小平、周恩来等人也都是在青年时期就确立了远大理想，并通过参加艰苦卓绝的革命斗争，不断促进理想的实现。这些伟人对生命价值的诠释为新时代大学生如何追寻生命价值提供了良好的示范作用。大学生应该努力学习科学文化知识，着力培养综合技能，为未来社会的激烈竞争做好充足的心理准备和知识储备。只有这样才能使自己的人生绽放出光彩，彰显出别样的风采。

生命信念教育是科学信仰培育的重要内容。只有尊重生命，才能对生命怀有信念和激情。维克多·弗兰克认为任何人只要活着，就要对未来充满想象，经历是未来的一笔财富。他还谈到人生的未来、欢乐和悲伤，指出过去的辉煌也许会永远照耀此刻的灰暗人生。人的生命无论在何种情况下，都有其意义和价值。因为每个人都有独特性和特殊的使命责任，因此每个人的存在都具有一定的意义。这种无可复制的生命，昭示了一个人独特的使命、责任义务。只有明晰自己的独特个性和天赋使命，个体才会珍重生命，对人生永怀信念。新时代的大学生要对生命怀有敬畏之心，确立生命意识，培养应对社会的生存技能，才能乐观地生活，进而使自己的人生充满阳光和希望。

（五）理想信念教育

信仰体现了对人的终极关怀，是人生存与发展的重要精神支柱，其主要内容就是理想、信念和对理想信念的构建。理想信念教育是高层次的信仰教育的综合，是科学信仰培育的核心内容。在人生不同的历史时期，因为面对人生的不同问题，因而会呈现不同的信仰形态，展现不同的信仰内容。

---

〔1〕《马克思恩格斯全集》（第1卷），人民出版社1995年版，第459~460页。

理想信念教育内在地包含信仰教育。人们要明确理想信念这一中国特色的概念，才能深刻把握理想信念的重要性。一方面，理想信念教育体现了对未来社会的一种精神追求。只有开展理想信念教育，才能为人类发展提供精神支撑，代表着人类精神领域的发展水平。另一方面，理想信念教育是理想教育和信念教育的综合。相比理想教育，理想信念教育的内容更加丰富，不仅含有理想方面的教育，还包含人生信念的教育。信仰教育是信念教育、理想教育以及信仰教育的综合，体现了对理想的坚守、信念的坚定。信仰教育也侧重对未来社会的科学把握，体现了对未来社会的理想性追求。因此，理想信念教育与信仰教育具有一定的契合性，信仰教育必须进行理想信念教育，而只有进行理想信念教育，才能更好地开展科学信仰教育，从而坚定共产主义信念。

理想信念教育促进大学生科学世界观的确立。只有长期不懈地坚持对新时代大学生开展理想信念教育，才能使他们逐步确立科学的信仰观。因此，可以说对大学生的理想信念教育是科学信仰培育的题中应有之义。社会主义的共同理想信念突出强调了实现中华民族伟大复兴的重要目标以及对未来美好社会的科学展望。只有坚定共产主义信念，并脚踏实地地努力奋斗，才能实现中华民族伟大复兴之梦。只有坚定不移地走中国特色社会主义道路，每个人才能坚定道路自信，进而确立共产主义信仰。

理想信念教育需要经过长期的社会实践，遵循社会发展的客观规律。理想信念的确立需要经历一个长期的实践过程，理想信念与现实社会始终处于一种良性的互动状态，而并非一成不变的。理想信念是对现实社会的反映，随着社会环境的发展变化，理想信念教育的内容也将不断丰富。共产主义理想信念是在社会主义革命实践中形成和发展起来的，也必然与生动的社会现实产生联系。要使新时代的大学生确立共产主义理想信念，也必然要通过形式多样的社会实践活动。只有这样才能使大学生在飞速变化的社会生活中坚定共产主义信念。坚定理想信念的过程体现了与社会实践的结合历程，只有自觉接受理想信念教育，才会促进对这一问题的深入思考。

理想信念教育培育具有长期性、复杂性，需要做好充足的心理准备。在新的时代背景下，因为社会主义市场经济的不断发展，各种思想文化相互激荡，西方敌对势力不遗余力地兜售其意识形态，部分大学生因此出现了理想信念动摇的现象，这也就决定了理想信念教育的长期性。要进行理想信念教育，必须科学认知共产主义理想的内涵，并结合新的历史条件进行深入阐释。共产主义理想内在地包含理想与信念的统一，它包含共产主义理想如何实现、何时实现的问题。在共产主义理想实现的过程中，理想与信念具有互补性，当理想因为客观环境的变化而弱化时，可以通过强化信念来加以弥补。共产主义理想还是过程与目标的统一。理想的实现是一个长期的历史过程，越是高远的理想，其实现越需要更长的时间。共产主义理想是人类最崇高的理想，其实现需要经历一个漫长的历史过程，需要若干代人的共同努力，在这个过程中，必然会有若干代人不能亲眼看到共产主义理想实现的美好愿景。无产阶级对共产主义理想的不懈追求和努力探索，都为这一理想的实现做出了重要贡献，体现了这一追求的价值性、崇高性和理想性。共产主义理想还是终极性的目标和阶段性目标的统一。共产主义理想具有终极性，它是对未来社会美好前景的展望，也是共产党人最终的理想追求。它是人类社会发展到理想状态的一种形象性描述，也是社会发展的宏伟目标。由于社会发展过程中多重因素的影响和制约，共产主义理想的实现体现为一系列阶段性目标的综合。

　　理想信念教育主要包括两方面的教育：一方面，信仰基本知识的教育。通过对信仰本质、特点和发展规律的了解，消除人们对信仰的各种误解。当人们以科学的态度面对信仰时，他们就具有选择信仰的辨别力，进而为认同马克思主义信仰奠定思想基础。信仰基本知识的教育包含丰富的内容，主要体现如下：一是信仰的内涵、特点、产生过程、意义和发展规律。二是信仰与人的关系问题，包括人为何需要信仰、信仰对人生和社会的作用等。通过对这些内容的深入了解，人们对信仰的重要性有了更为明确的认知。三是信仰选择的基本标准、确立信仰的基本方法。在新的时代背景下，由于多元价值观的影响，各种信仰观相互交织，这些都在无形中影响着人们的信仰选择。新时代的大学生只有确立科学的信仰观，才能抵御各种社会思潮的影响。因此，科学信仰教育不能硬性灌输，而需要讲求方式方法。思想政治工作者理应加大对各种信仰形态的宣传，明确信仰选择的基本方法、主要标准，使大学生能够理性选择科学的信仰，而不是盲目从众。另一方面，社会主义信念教育。只有坚定对社会主义的信念，大学生才具备选择信仰的能力，进而确立科学的信仰观。

（六）马克思主义信仰教育

马克思主义信仰是科学的信仰体系，是指导无产阶级和人民大众实现共产主义的科学理论体系，体现了科学信仰与科学认识的内在统一性。马克思主义是以科学的实践观为基础，是对信仰与理性冲突的解决。马克思主义体现了对现实世界的科学认知、从现实世界获取知识的能力以及对共产主义社会的科学展望。马克思主义就是在这种持续不断的发展状态中，使科学认识在社会实践中不断得到检验和发展。马克思主义信仰是人类信仰史上的崭新话题，是最具有生命力的科学信仰，具有广阔的发展前景，构成全世界无产阶级和劳动人民的精神支柱。对新时代的大学生进行科学信仰教育，离不开对马克思主义信仰的宣传教育。

马克思主义信仰是资本主义发展的必然产物，同现代工人阶级的革命实践运动紧密联系在一起。在社会生产力没有发展到较高的水平，无产阶级没有确立科学的阶级意识之前，不可能存在马克思主义信仰。16世纪，欧洲的一些空想社会主义者大致展望了共产主义社会的美好图景，为马克思主义信仰的确立奠定了思想基础。19世纪，共产主义已经成为影响欧洲大陆的社会思潮。在投身社会革命实践运动的过程中，马克思恩格斯坚决抵制了空想和幻想的成分。在《德意志意识形态》中，马克思恩格斯明确指出："共产主义对我们来说不是应当确立的状况，不是现实应当与之相适应的理想。我们所称为共产主义的是那种消灭现存状况的现实运动。这个运动的条件是由现有的前提产生的。"[1]在当时历史条件下，"消灭现存状况"只能是一种理想，需要通过革命实践运动来实现。这就要求我们辩证地看待马克思主义信仰，分析理想与现实的矛盾，反对片面强调其理想性或现实可能性，从而陷入庸俗化的怪圈。

科学把握马克思主义经典作家关于信仰的重要论述。为了确立马克思主义信仰，新时代的大学生需要掌握马克思主义经典作家关于信仰的重要论述。适应革命实践活动的现实需要，马克思主义经典作家多次谈及信仰问题。在《哥达纲领批判》这篇文献中，马克思阐述了工人政党对待信仰的科学态度，明确提出要把信仰从宗教中解放出来，即"资产阶级的'信仰自由'不过是

---

〔1〕《马克思恩格斯全集》（第1卷），人民出版社2012年版，第166页。

容忍各种各样的宗教信仰自由而已，工人党则力求把信仰从宗教的妖术中解放出来。"〔1〕在《马克思恩格斯通讯集》这篇文献中，列宁这样阐述："恩格斯当时还不满 24 岁。家庭环境使他厌倦，因此他急于要离开。他父亲是个专横的、信教的工厂主，对儿子四处参加政治集会，对他的共产主义信仰很生气。"〔2〕毛泽东这样论述："我一旦接受了马克思主义对历史的正确解释以后，我对马克思主义的信仰就没有动摇过。"〔3〕邓小平科学阐明了信仰的重要作用："对马克思主义的信仰，是中国革命胜利的一种精神动力。"〔4〕可见，马克思主义经典作家立足于社会发展的角度，从多个层面阐述信仰问题。

深刻明晰马克思主义信仰是人类信仰史上最为科学、最为崇高的信仰。在人类信仰发展的历史进程中，一些信仰往往具有神秘性，以唯心主义、有神论为思想基础，这是一种引导人们把命运寄托于神灵的非科学信仰。马克思主义信仰的产生经历了一个艰难的历程，是同各种资产阶级社会思潮斗争的结果。列宁曾经这样阐述了马克思主义信仰的产生历程："凡是人类社会所创造的一切，他都有批评地重新加以探讨，任何一点也没有忽略过去。凡是人类思想所建树的一切，他都放在工人运动中检验过，重新加以探讨，加以批判，从而得出了那些被资产阶级狭隘性所限制或被资产阶级偏见束缚住的人所不能得出的结论。"〔5〕列宁在这里阐明了共产主义信仰如果想牢牢占据工人阶级的思想意识，必须经过坚决的理论斗争。正因为马克思主义信仰具有崇高性、科学性与现实性，才激发了广大劳动人民为实现人类解放而奋斗的积极性。

开展马克思主义信仰教育是科学信仰培育的重要议题。新时代大学生马克思主义信仰观的确立、马克思主义理论素养的提高，都离不开马克思主义信仰教育的成功实施。马克思主义信仰体现了对以往各种信仰形态的继承和发展，克服了其历史局限性而使自己具有蓬勃的生命力。任何一种宗教信仰都建立在非科学的理论认识之上，追求一种虚妄的世界，使人相信"来世"

---

〔1〕《马克思恩格斯选集》（第 3 卷），人民出版社 2012 年版，第 376~377 页。

〔2〕《列宁专题全集　论马克思主义》（第 24 卷），人民出版社 2009 年版，第 279~280 页。

〔3〕［美］埃德加·斯诺著，董乐山译：《西行漫记》，生活·读书·新知三联书店 1979 年版，第 131 页。

〔4〕《邓小平文选》（第 3 卷），人民出版社 1993 年版，第 63 页。

〔5〕《列宁选集》（第 4 卷），人民出版社 2012 年版，第 284~285 页。

"天堂"，否定为现实生活的努力。实践性是马克思主义信仰的突出特征，马克思主义不局限于对世界的解释，而主要用于指导现实世界。随着中国改革开放政策的实施，西方各种文化开始传播发展，人们的信仰变得愈加多元，马克思主义信仰教育开始成为新时代的一项重要任务。马克思主义信仰理论中关于共产主义理想社会的阐释，促进了人们对马克思主义理论的深刻理解，并自觉内化为追求美好未来的行动。信仰要靠我们去体验，幸福生活要靠我们去奋斗。科学的信仰肯定人的意志、人的自主创造性和自我批判意识，表现出一种参与创造的积极性。因此，在对新时代大学生进行马克思主义信仰教育时，需要综合考虑大学生思想发展的特点，引导他们深入思考社会制度、社会体制以及社会环境，领会马克思主义求真求善的本质，进而确立马克思主义信仰。

三、新时代大学生科学信仰培育的主要目标

在考察大学生科学信仰培育的指导思想、基本原则和主要内容的基础上，要辩证分析科学信仰培育的主要目标。科学信仰培育的目标具有理想性、预见性，需要联系科学信仰形成和发展的规律，在厘清科学信仰培育工作面临的现实问题的基础上，展望可能达到的培育目标。对新时代大学生科学信仰培育目标的考察要坚持辩证观点，动态考察、辩证分析，促使理想性的信仰培育目标能够逐步实现。

（一）实现真善美相统一的崇高思想境界

在社会转型期，物质生活的日益丰富严重影响了人们的精神追求。信仰居于精神领域的最深层，它统领人的思想行为，在人的观念系统中具有重要地位。新时代大学生的科学信仰培育必然经历一个长期的历史过程，因此需要立足社会实践，实现"应该怎样"的理想性目标的建构。这一理想性目标的实现，需要打破社会体制的束缚，不断廓清精神领域的诸多困惑，实现真善美相统一的崇高思想境界。

真善美相统一的崇高思想境界的形成，需要经历一个长期的历史发展过程。人类的信仰系统是一个知情意行的有机统一体，以构建真善美相统一的理想境界为奋斗目标。在马克思主义的理论视域中，未来的共产主义社会就是一个真善美相统一的理想性社会。由于共产主义社会的实现需要经历一个

漫长的历史过程，因此，真善美的统一也将是一个具体的、不断持续的发展过程。真善美相统一目标的实现是一个动态的发展过程，体现了人类美好的夙愿，昭示着人类永无止息的精神追求。真善美的统一还是一个具有阶段性、层次性的无限发展过程，这和共产主义社会需要实现阶段性目标大体一致。以社会生产力的发展水平为基点，我们可以大致展望未来共产主义社会的美好愿景，即经济高度发达、社会稳定和谐以及人民安居乐业，这实际上就是一个真善美相统一的理想境界。真善美相统一是具体的、历史的统一，也是人类对客体对象的总体把握和终极性超越。

真善美相统一的崇高思想境界体现了对人类的终极关怀性。在社会转型期，终极关怀是宗教领域和哲学领域的重要话题。终极关怀产生于人类社会现实的实践活动，体现了对真善美相统一的理想世界的向往和追求。这里的理想不能简单归纳为生活层面的美好状态，而是对特定民族而言的具有社会层面的美好状态。终极关怀以现实生活为基础，离开现实生活而谈终极关怀是毫无意义的幻想。现实实践是理想实现的前提，但不能与理想等同。终极关怀具有理想性，它强调理想对人的感召力和吸引力。终极关怀体现了对有限人生的超越，是人希望超越有限的一种崇高的精神追求。这种精神追求离不开人的信仰，而信仰本身也意味着人类对终极关怀的渴望。因此，一部信仰史也是人类对终极关怀的追求史。从本质意义上，信仰体现了人不断超越自我，实现终极关怀的美好追求，这种追求通过理性和非理性两种形式来实现。

真善美相统一的崇高思想境界在本质上是一种信仰。要想到达这样的理想境界，实现大学生信仰培育目标，需要引导大学生深刻思考，认真领悟真善美相统一的深刻内涵和精神实质。真善美相统一是人类追求的最高精神境界，具有丰富的内涵。一方面，真善美相统一超越地域、民族和时代的界限，成为全人类的共同精神追求。另一方面，真善美相统一超越具体的、有限的界限，成为每个人内心追求的理想境界。真善美相统一是人类永恒的精神追求，这和马克思主义信仰有着本质上的一致性。马克思主义信仰是人类信仰史上的伟大跃迁，它超越了各种信仰形态的局限性，体现了人类崇高的精神追求，以及对真善美相统一的理想境界的无限向往。在人类信仰发展史上，对真善美的追求是人类信仰发展进步的重要体现，代表了人类信仰的发展方向。然而，在信仰发展的历史过程中，在每一特定的历史时期，都有可能出现背离真善美的信仰，并在一定历史时期内能够得到人们的思想认同。在第二次世界大战期间，德国人对种族论的宣扬在某种程度上也是一种信仰。随着历史的不断发展，这种同真善美相违背的信仰已经不复存在，这也证明了人类信仰向着美好方向发展的历史必然性。因此，把实现真善美相统一的崇高思想境界作为科学信仰培育目标具有一定的合理性和历史必然性。

（二）合理辨析各种意识形态形式

意识形态是一个非常复杂的概念，可以从不同的角度去辨析。在历史发展的特定阶段，人们所彰显的对论敌的不信任可被视为是意识形态观念产生的前提条件。随着历史的不断发展，意识形态的内容更加丰富。意识形态主要同经济利益联系在一起，"是对论敌的总体世界观（包括他的概念结构）表示怀疑，并试图把这些观念理解他所参与的集体生活的结果。"〔1〕意识形态也指开展意识形态调查的方法，在试图揭露他人的观点时，揭露者被迫证明自己观点的正确性，而其他人在做同样的工作时，理应完全避免这样做。意识形态在 19 世纪得到了广泛的传播发展，具有了政治意义。随着马克思主义者对意识形态在方法论层面的发展，马克思主义经典作家赋予意识形态以政治性意义，也力图从现实运动中分析相关的思想因素。因此，意识形态大多被视为同无产阶级革命运动密切相关，研究者也主要从马克思主义的发展角度来分析论证。

意识形态是一个独特的信仰体系，具有直面现实和指向未来的双重性质。在现实生活中，意识形态主要为政治制度服务，科学论证这一制度的合理性。作为一种观念性力量，意识形态往往不能直接作用于社会政治结构，而必须被主体内化为政治信仰才能发挥其应有的功能。当人们坚定某种政治理想，并为这种理想宣传呐喊时，才能促进法律法规、道德规范、审美意识等特殊的意识形态的形成。在阶级社会，统治阶级通过开展意识形态教育活动来维系其政治统治职能。列宁指出："所有一切压迫阶级，为了维护自己的统治，都需要两种社会职能：一种是刽子手的职能，另一种是牧师的职能。"〔2〕牧师的职能一般是指意识形态的宣传教育功能。实践证明，在任何一个阶级社会

---

〔1〕［德］卡尔·曼海姆著，黎鸣、李书崇译：《意识形态与乌托邦》，上海三联书店 2011 年版，第 57 页。

〔2〕《列宁选集》（第 2 卷），人民出版社 2012 年版，第 478 页。

中，如果统治阶级不能利用意识形态教化人民，在思想文化领域占据主导地位，也就不可能长久掌握国家政权。意识形态功能的发挥离不开宣传教育活动，而学校无疑在意识形态的宣传教育活动中居于重要地位，"阿尔都塞认为，宗教、教育（各种国立和私立的学校）、家庭、法律、政治（不同党派的政治体系）、工会、交往（出版、电台、电视）和文化（文学艺术、体育运动）都属于意识形态的国家机器"〔1〕。在新的历史条件下，由于社会矛盾不断凸显，思想领域的困惑日趋增多，因此必须开展意识形态的宣传教育活动。高校是社会主义意识形态宣传教育的主阵地，新时代大学生受社会环境的影响更为直接。西方发达国家不断宣传马克思主义过时论的反动言论、兜售西方的价值理念，企图通过实施意识形态的渗透活动，实现瓦解我国意识形态体系的目的。

加强意识形态的宣传教育是坚定马克思主义信仰的关键环节。由于新时代的一些大学生存在理想信念模糊、诚信意识缺乏和价值观念扭曲等问题，因此，需要坚持不懈地开展意识形态的宣传教育。在特定社会中，不同性质的意识形态往往相互排斥、互相对立。列宁因此阐明："或者是资产阶级的意识形态，或者是社会主义的意识形态，这里中间的东西是没有的。（因为人类没有创造过任何'第三种'意识形态，而且在为阶级矛盾所分裂的社会中，任何时候也不可能有非阶级的或超阶级的思想体系）因此，对社会主义思想体系的任何轻视和任何脱离，都意味着资产阶级意识形态的加强。"〔2〕意识形态要想发挥其应有的功能，为人民群众所掌握，必须通过现实社会实践，才能逐步转变为理论。社会主义意识形态不可能自发产生，必须经过长期的理论灌输。只有通过不断的宣传教育，人们才能逐步掌握科学的意识形态，进而逐渐形成共同的社会信仰。在新时代，只有不断加强社会主义意识形态的宣传，才能使人们逐步确立马克思主义信仰。

意识形态具有阶级性特征。在不同的时代，意识形态通过不同的表现形式来彰显其阶级性特征。一方面，任何意识形态总是代表特定阶级的思想意识。"在阶级社会中，每一个人都在一定的阶级地位中生活，各种思想无不打

---

〔1〕　俞吾金：《意识形态论》，上海人民出版社1993年版，第285页。
〔2〕　《列宁选集》（第1卷），人民出版社2012年版，第326~327页。

上阶级的烙印。"[1]在阶级社会中，统治阶级总是占据思想主导权，发挥思想意识的主导作用，引领社会发展方向。另一方面，在社会中也存在非阶级的意识形态。在特定社会中，非阶级的意识形态也发挥一定的作用，与统治阶级的意识形态一起共同推动意识形态理论的不断发展，并长期共同存在。对新时代大学生开展意识形态的宣传教育，离不开对意识形态阶级性的把握。

社会主义意识形态和资本主义意识形态的对立和斗争是一个长期的历史过程。要使新时代的大学生能够辨析各种意识形态，必须从社会现实出发，确立科学的思维方式。在特定社会中，存在无产阶级意识形态、资产阶级意识形态、小资产阶级意识形态等，这些意识形态将长期存在，并有可能发生尖锐的矛盾冲突。在意识形态理论体系中，社会主义意识形态占据思想主导权。由于意识形态领域斗争的复杂性，社会主义意识形态的主导地位有时会受到挑战。为了维护社会主义意识形态的主导地位，大学生理应运用马克思主义的立场观点，借鉴资本主义意识形态的合理成分，并摒弃不符合时代要求的东西。在科学技术日益发达的新时代，要科学把握社会主义意识形态的丰富内容，不断开展同各种意识形态的交流互鉴，进而不断彰显出蓬勃的生命力。

合理分析各种意识形态形式，以促进社会主义意识形态建设。一方面，坚持马克思主义的理论指导。为了促进社会主义意识形态建设，需要坚持马克思主义的指导地位，如果背离这一原则，将会使社会主义意识形态失去凝聚力、吸引力。另一方面，采取系列措施以促进不同类型的意识形态协调发展。在社会主义社会，存在哲学、政治、经济、文学、艺术等诸多意识形态形式，他们将长期存在并影响人们的思想意识，因此应当积极促进这些意识形态和谐相处，进而引起思想争鸣。由于意识形态领域斗争的复杂性，我们需要开展积极的思想斗争。因此，开展意识形态建设需要合理区分各种意识形态形式，制定出科学合理的政策，并使之制度化。

信仰与意识形态紧密联系，意识形态包含信仰因素。科学信仰培育的目标是使新时代的大学生能够科学辨析各种意识形态。信仰是人类终极的精神追求，内含着意识形态因素。"意识形态是社会的价值体系，而这一体系的价

---

[1]《毛泽东选集》（第1卷），人民出版社1991年版，第283页。

值核心就是信仰。"〔1〕这段论述阐明了意识形态内在地具有信仰因素，本质上是一种信仰。意识形态的形成，既是思想政治工作者的思维创造过程，也体现了信仰的形成过程。社会主义意识形态具有丰富的内容，它能够推动改革开放事业顺利发展，有效推进经济建设，协调各种思想矛盾。在意识形态领域，还存在非意识形态的成分，因此，要极力促成意识形态教育和非意识形态教育的和谐统一。在对新时代的大学生进行意识形态教育时，要坚持社会主义意识形态的主导地位，也不能忽视各种非意识形态。同时，也要采取一系列措施，促进意识形态和非意识形态的协调发展，进而同社会主义现代化建设相契合。

（三）科学把握信仰的各种形态

科学把握信仰的各种形态是科学信仰培育的重要目标。在新时代，市场经济的深刻影响、多元文化的传播发展深刻影响着人们的信仰选择。在社会矛盾不断凸显的转型期，市场经济对信仰领域产生了强烈冲击，信仰的研究主题也愈加多元化。如何确立马克思主义信仰，怎样辨析思考各种科学的信仰形态，如何实现科学信仰的现代转型，对新时代的大学生进行科学信仰培育，需要科学把握这些内容，进而助推科学信仰培育工作落到实处。

中国社会信仰与中华传统文化紧密联系，具有务实性、多元性。中国传统社会的农耕文化、自然景观和实用主义价值理念，使中国社会信仰缺乏一定的理性因素，而是重视人生修养、性格养成和社会实践。全面把握中国传统社会信仰，需要厘清两个基本问题：一方面，信仰在少数民族地区是一种普遍现象。我国境内的许多少数民族都具有本民族的信仰。另一方面，汉族聚居地也存在诸多祭祀现象和信仰行为，这些存在的信仰被学者称为民间信仰。民间信仰也是信仰的一种重要形态，它主要代表普通老百姓的信仰追求，同儒学信仰、佛学信仰和道学信仰具有一定的区别。中国传统社会的信仰与道德生活紧密相连，人的信仰带有追求幸福生活和社会和谐稳定的成分。因此，道与德及其相互关系构成中国传统社会信仰的根本问题。道是统领整个宇宙的根本力量，最初表现为天地等，后来又发展成为统领自然万物的最高力量。德是人在对道的理性认识基础上获得的伦理规范，它主要探讨人如何

---

〔1〕　刘建军：《马克思主义信仰论》，中国人民大学出版社1998年版，第264页。

按照道进行修身的问题。道与德的对立冲突构成中国传统社会的信仰主题，道支配信仰的发展历程、基本趋向。

中国古代官方信仰、学者信仰和民间信仰互相联系、紧密交织，构成中国传统社会的信仰图景。不过具有信仰情怀的老百姓并不多，信仰在那时也具有一定的实用主义色彩，目的是为了寻求精神慰藉和心理安慰。与官方信仰和民间信仰不同，学者信仰具有相对完善的理论体系，同自己的学说保持协调一致。中国古代学者大多重视道德、轻视权利，把人际关系的维系与求学、求知紧密联系在一起。大多数知识分子非常推崇儒家思想，形成了悲悯天下的道德人格，也追寻道家清静无为的自然哲学。这些知识分子不热衷于任何信仰形式，而是寻求灵魂宁静。

科学掌握信仰的多样形态，为新时代的大学生进行科学信仰培育提供了丰富的理论资源和深刻的思想启迪，构成信仰教育的一项重要议题，理应引起社会各界的共同关注。

第五章 新时代大学生科学信仰培育的基本对策

新时代大学生科学信仰培育要以丰富的内容为立足点，系统研究多元文化发展趋势、社会主义市场经济的发展动态、新时代大学生的心理特点等，提出大学生科学信仰培育的基本对策。对新时代的大学生进行科学信仰培育，是贯彻落实高校思想政治教育"立德树人"任务的重要措施，也是实现高等学校教育目标的必然要求。新时代大学生科学信仰培育工作存在诸多问题，需要我们直面现实，采取一系列有效措施推进这项工作的顺利开展，主要包括优化信仰培育的环境、完善信仰教育的基本方法、拓展信仰教育的渠道、探索信仰教育的载体形式，从而促进新时代大学生科学信仰观的确立。

一、优化科学信仰培育的环境

科学信仰培育工作是在一定的环境中进行的，环境优劣对科学信仰培育工作的实施具有制约性的影响。为了促进科学信仰培育工作的顺利开展，需要对科学信仰培育的历史环境和现实环境做出科学的分析，从中总结出必然性规律，在不断适应环境、改造环境的过程中更好地推进大学生科学信仰培育工作的进程。

新时代大学生科学信仰培育是一个动态的、不断发展和开放的体系，深受客观环境的影响和制约，因而优化、改造和建设环境也成为科学信仰培育工作的重要措施。环境是人类社会生存和发展的基本条件，影响着人类各项工作的开展。人天生就是社会的生物，那他就只能在社会中发展自己的真正的天性。[1]任何一个人的成长都离不开社会环境，不受社会环境影响和制

---

[1] 《马克思恩格斯全集》（第1卷），人民出版社2009年版，第335页。

约的个体将无法更好地生存发展。马克思主义认为人与环境是相互作用、互相影响的，人对环境的接受是一个能动的社会实践过程。无论面对什么样的环境，人总需要通过主观努力和社会实践才能顺利实现人生的各种目标。因此，马克思这样阐述："环境的改变和人的活动的一致，只能被看做是并合理地理解为革命的实践。"〔1〕科学信仰培育是一种特定的社会实践活动，人始终在同环境的不断交流中得以继续存在和发展，环境是科学信仰培育工作的空间，是影响科学信仰培育效果的承载物。科学信仰培育的效果也深受环境的影响和制约，因此，在辩证分析环境同科学信仰培育工作互相制约、相互作用关系的基础上，动态考察科学信仰培育工作面临的各种环境因素，不仅有助于全面科学地阐释大学生科学信仰培育理论，还有利于增强这一工作的实效性。

（一）正视科学信仰培育的历史环境

科学信仰培育工作离不开特定的历史环境，是在既有的历史环境中呈现并逐步加以发展的。科学信仰培育工作的顺利开展，既存在有利因素，也存在诸多不利因素。

国际环境为科学信仰培育在中国的兴起提供了适宜的时代条件。第一，巴黎公社失败后的 50 年世界的巨大变化，为马克思主义在中国的传播发展提供了良好外部环境。资本主义发展到帝国主义阶段后，垄断成为资本主义经济生活的重要基础。资本的不断扩张使全世界面临着动荡不安和战争危机。因为帝国主义国家的阶级矛盾尖锐化，革命和战争成为时代主题，革命运动需要科学理论的指导，为马克思主义的传播发展提供了时代条件。第二，共产国际的成立和发展，对推动马克思主义在世界范围内的传播、促进共产主义运动的顺利开展发挥了强大的领导功能。第三，十月革命的胜利成为马克思主义成功指导中国革命实践运动的良好契机，也有效推进了对马克思主义理论的学习、宣传和发展。毛泽东指出："一九一七年的俄国革命唤醒了中国人，中国人学得了一样新的东西，这就是马克思列宁主义。中国产生了共产党，这是开天辟地的大事变。……总之是从此以后，中国改换了方向。"〔2〕

国内环境为科学信仰培育在中国的发展提供了社会需要。马克思列宁主

---

〔1〕《马克思恩格斯文集》（第 1 卷），人民出版社 2009 年版，第 504 页。
〔2〕《毛泽东选集》（第 4 卷），人民出版社 1991 年版，第 1514 页。

义之所以传到中国并发挥重要的理论指导功能，是因为中国社会发展客观上具有这种理论上的需求。第一，学习俄国的时代必然。俄国革命的成功不仅给中国人民带来了新的思想理论武器，还提供了一个以工农群众为主体的国家建立社会主义制度的成功范例。自从鸦片战争以来，无数列强开始了蹂躏中国、欺压侮辱中国人民的历程，也开启了中国人民不屈不挠的抗争历史。无数仁人志士苦苦思索中国出路，学习西方列强、振兴中华成为这些爱国者的目标，但由于诸多条件的限制，这些探索实践均以失败告终。正当人们苦闷彷徨之际，"过去蕴藏在地下为外国人所看不见的伟大的俄国无产阶级和劳动人民的革命精力，在列宁、斯大林领导之下，象火山一样突然爆发出来了，中国人和全人类对俄国人都另眼相看了"。[1]中国的先进知识分子紧跟世界发展趋势，以俄为师，以社会主义为目标理想，开始了探索社会主义的革命道路。这是推动中国先进的知识分子学习马克思列宁主义的直接历史动因。在党的初创时期，从对俄国革命成功经验的分析比较中，中国早期的马克思主义者科学地认识到建立一个革命政党的重要性，这样的政党必须坚持马克思主义的理论指导。第二，指导中国革命顺利开展的现实需要。中国革命不同于世界历史上其他国家的革命战争，处在半殖民半封建社会的旧中国，要完成反帝反封建的革命任务，在国际革命斗争史上并没有成功的先例。因此，为了更好地指导中国革命，提升党的思想理论水平，共产党迫切需要开展马克思主义理论教育实践活动，进而确立共产主义信仰。毛泽东因此这样阐述："我们的任务，是领导一个几万万人口的大民族，进行空前的伟大的斗争。所以，普遍地深入地研究马克思列宁主义的理论的任务，对于我们，是一个亟待解决并需着重地致力才能解决的大问题。"[2]第三，唤醒普通民众的时局需要。辛亥革命的爆发虽然推翻了封建专制统治，但并没有触及封建社会的社会基础，民众的革命意识依然没有被唤醒，反帝反封建的革命目标仍然没有实现。资产阶级革命的失败，固然有资产阶级本身的原因，但更为主要的原因是参加革命的人数较少、缺乏人民群众的广泛参与。在一个工农大众占据全国人口90%的农民国家，要完全战胜资本主义、彻底摧毁封建主义的根基，没有人民群众的广泛参与，几乎不可能成功。唤起普通民众需要科学的革命

---

〔1〕《毛泽东选集》（第4卷），人民出版社1991年版，第1470页。

〔2〕《毛泽东选集》（第2卷），人民出版社1991年版，第533页。

理论、符合时代发展趋势的纲领政策，马克思主义能够满足这样的时代需求。

抗日战争的爆发为科学信仰培育工作在中国的发展提供了重要的历史机遇。抗日战争的发生促使中国的阶级关系发生了巨大的改变，"日本帝国主义打进中国本部来了这一个基本的变化上面，变化了中国各阶级之间的相互关系，扩大了民族革命营垒的势力，减弱了民族反革命营垒的势力。"[1]在抗战爆发之前，社会矛盾、阶级关系复杂多变。抗日战争的爆发、救亡图存的共同目标促使民族资产阶级、工农大众站在了一起，开始凝聚力量，并齐心协力地抗击日本侵略者，中国革命才有可能向着社会主义方向发展。为了动员各阶层人民共同抗战，使马克思主义的宣传教育进一步合法化，共产党开展了延安整风运动，对党员干部开展大规模的科学信仰教育。同时，为了适应全民族抗战的时代需求，毛泽东组建了一支具有较高马克思主义理论素养的理论队伍，他们能够运用马克思主义的立场观点分析并解决中国实际问题。在党的领导培养下，这支队伍在各条战线上积极宣传马克思主义，提高了民众的理论素养，振奋了民众的抗战激情，为抗日战争的全面胜利奠定了舆论基础。

回顾科学信仰培育的国内历史环境，分析共产党在宣传马克思主义理论方面的方法措施、主要思路、主体内容等，对于新时代进行科学信仰培育工作具有很强的现实指导意义。因此，反思在国内历史环境中党科学信仰培育的经验教训，提出针对性的有效措施，是推进新时代大学生科学信仰培育工作顺利开展的历史必然。第一，提供丰厚的物质环境。艰苦的物质环境阻碍科学信仰培育工作的顺利开展，在一个积贫积弱的落后国家，由于物质条件的极度匮乏，作为领导人民开展解放斗争的共产党面临诸多困难。因此，新时代大学生的科学信仰培育，提供必要的物质生活保障才能为科学信仰培育工作的顺利开展奠定物质基础。第二，创建良好的制度环境。马克思主义在中国传播和发展的过程中，反动政府极其恐慌，他们极力阻挠马克思主义在中国的传播，查禁并封锁了数量众多的马克思主义经典文献，关押并残害了传播马克思主义的大批爱国进步人士，对共产党及其军队也疯狂围追堵截，进而妄图彻底阻断马克思列宁主义在中国的继续传播。新时代马克思主义的传播也面临诸多困境，多元文化的博弈、多重价值观念的碰撞，这些都需要思想政治工作者持续关注和思考。共产党要加大对理论的宣传力度，推进红

---

[1] 《毛泽东选集》（第 1 卷），人民出版社 1991 年版，第 149 页。

色经典进校园、进社区和进街道，进而使科学信仰的确立成为民众的追求目标。第三，加强科学信仰培育工作的系统性。国内战争的历史环境，使中国人民长期处于频繁的战争环境。艰苦的战争环境、频繁的战事，使科学信仰培育工作有时很难保证时间、人员和效率。这种情况虽然有时在特定的历史时期，比如抗日战争的相持阶段有所改善，但整体上来说，处于战争环境中的科学信仰培育工作缺乏系统性和连续性，这在一定程度上影响了普通民众对马克思主义全面而系统的掌握。新时代科学信仰培育工作，要加强系统性，从整体上统筹安排规划，使整个科学信仰培育工作有条不紊地开展。

（二）构建科学信仰培育的现实环境

科学信仰培育的现实环境一般是指和平时期的信仰教育环境。这一时期的环境条件发生了巨大的变化，对科学信仰培育工作产生了广泛而深刻的影响。时代主题转变为和平与发展，各国致力于社会建设和经济发展，为科学信仰培育工作的开展提供了相对稳定的国内环境。民众在集中精力进行社会主义建设的同时，也不自觉地把对马克思主义的宣传推向深入。以综合国力为主要参考标准的新时代，给科学信仰培育工作也带来一定的消极影响。有些人认为科学信仰培育已经完成了动员民众开展革命斗争的历史使命，再也无法适应和平发展的时代诉求，因此这在无形中也影响了部分民众对马克思主义学习的自觉性。国际政治格局的变化，世界社会主义运动的暂时挫折，民众在对马克思主义理论深入学习的基础上，也开始了对科学信仰教育工作的经验总结与深刻反思。对社会主义的怀疑、失望情绪也开始在部分民众中滋生蔓延，解决好教育对象的思想困惑，需要对科学信仰培育工作提出更高的要求。从国内环境看，中国特色社会主义不断取得成就，证实了科学信仰培育具有很强的现实说服力。科学信仰培育工作非常重要，因此需要加强科学信仰培育的环境建设。

第一，科学信仰培育需要加强环境建设的理论和实践依据。

重视环境建设是马克思主义者的使命，马克思指出："对实践的唯物主义者即共产主义者来说，全部问题都在于使现有世界革命化，实际地反对并改变现存的事物。"[1]因此科学信仰培育工作要考虑环境的特点、要素以及现

---

〔1〕《马克思恩格斯选集》（第1卷），人民出版社2012年版，第155页。

状，为科学信仰培育工作的环境建设提供更为科学的依据。

古今中外的思想家都非常重视环境与理论教育关系的研究，也提出了许多精彩的论述。这些思想家从榜样教育、实践养成、家风礼俗等方面，系统论述了环境对人的思想品格的重要影响。管子提出"仓廪实而知礼节，衣食足而知荣辱"，孔子提出"独学而无友，则孤陋而寡闻"。中国古人的这些论述强调了环境对人的思想品德的重要影响，但很少涉及对环境的改造的作用，并把对环境改造的任务，寄希望于教育对象个人道德修养的提高。西方社会重视环境的决定作用，认为环境可以塑造人、改变人。英国空想社会主义者欧文认为人的品性、思想，取决于客观环境。要改变人的不良行为，必须改造他所处的环境。这种环境决定论突出强调了客观环境对人的重要影响，但并没有把环境塑造人、人塑造环境作为一个互生互动的过程。马克思克服了旧唯物主义片面的环境决定论思想，科学阐明："有一种唯物主义学说，认为人是环境和教育的产物，因而认为改变了的人是另一种环境和改变了的教育的产物，——这种学说忘记了：环境正是由人来改变的，而教育者本人一定是受教育的。环境的改变和人的活动的一致，只能被看做是并合理地理解为变革的实践。"[1]马克思认为环境决定个人的思想发展、道德风貌和行为习惯，每个人都是既定环境的产物。人并非环境的被动改造者，可以通过社会实践活动改变环境，改造自己的思想、社会道德风貌，进而体现出人创造环境、环境也创造人的辩证唯物主义观。

中国共产党重视科学信仰培育工作的环境建设，也积累了一定的经验，取得了显著成绩。在科学理论的感召下，中国人的精神面貌发生了根本性变化，他们把实现共产主义作为奋斗目标，前所未有的奋斗热情被激发，社会主义建设也因此取得了让世人瞩目的成就，科学信仰培育的环境也得到了根本性改善。

第二，科学信仰培育环境建设的基本原则。

科学信仰培育环境建设的原则是在宣传科学的信仰理论过程中需要遵循的基本准则，是在进行科学信仰培育的建设时需要把握的基本要求，是对科学信仰培育环境建设规律的反映，对科学信仰培育的环境建设实践有着最为直接的指导作用。确立科学信仰培育环境建设的基本原则，是探索环境建设

---

〔1〕《马克思恩格斯文集》（第1卷），人民出版社2009年版，第504页。

的有效路径、促进环境建设健康有序进行的基本前提。根据环境建设的理论和现实依据，科学信仰培育环境建设理应遵循以下基本原则：

方向统一性原则。科学信仰培育环境是一个复杂的综合体系，各环境要素之间是相互联系、相互制约、互为影响的，因此，在构建科学信仰培育环境的过程中，必须坚持整体性观点，以方向统一性原则为遵循进行环境建设。也就是在党和政府的领导下，统一环境建设的方向，形成同科学信仰培育目标相一致的合力。在环境建设的指导思想上，始终坚持运用马克思主义、以马克思主义为理论指导，坚决反对任何背离马克思主义的错误思潮或思想论调。马克思主义理论是共产党的政治观点、政治信念和政治立场的综合体现，建党九十多年取得的每一项成就，都离不开马克思主义的理论指导。马克思主义是共产党一切工作的根本行动指南，也是激励各族人民共同奋斗的精神动力，也必将成为科学信仰培育工作的强大思想武器。在环境建设的领导力量上，要继续坚持党的领导。只有坚持党的领导，才能使环境建设做到统一部署、协调一致、有序进行，进而调动各方面的积极性，形成合力奋斗的局面。在环境建设的主要内容上，坚持运用共产主义思想教育普通民众，宣传党的路线方针、基本政策，在新时代尤其要加强对习近平新时代中国特色社会主义思想的宣传教育。

环境适应性原则。科学信仰培育工作是一种社会实践活动，具有合目的性与合规律性的统一性。环境适应性原则是指科学信仰培育工作要适应社会发展的客观规律，同环境发展变化规律和人的身心发展的规律相契合，这也是顺利推进科学信仰培育工作顺利开展的必然要求。科学信仰培育工作要适应社会政治、经济和文化发展的基本要求，具有较强的适应性。科学信仰培育离不开对客观社会环境的动态把握，需要对变化的客观环境做出科学的分析，以此确立科学信仰培育的目标、方法和内容等。只有科学考察科学信仰培育的客观环境，才能体现科学信仰培育工作的社会适应性。没有对客观社会环境的分析把握，科学信仰培育也就没有任何价值和意义。当然，科学信仰培育的客观环境的变化也具有一定的规律性，环境的各个要素之间是互相影响、动态发展的，在科学信仰培育的过程中，必须遵循这些规律，否则将遭受不可估量的损失。由于新时代的大学生身心发展也具有一定的规律性，因此，科学信仰培育工作需要遵循大学生的身心发展规律和思想品德的形成规律，促使教育对象对环境产生心理认同，进而达到环境建设的预期目标。

动态连续性原则。因为科学信仰培育是一个长期的复杂历史过程，因而要坚持动态持续性原则。思想政治工作者要把环境建设的阶段性目标和长远目标结合起来，做好每一个阶段的衔接工作，最终达到环境建设的理想状态。在科学信仰培育的实践活动中，要坚持动态连续性原则。一方面，确立科学信仰培育环境建设的阶段性目标，做好长远规划。科学信仰培育的环境建设具有长期性、渐进性，必须根据环境建设的阶段性目标，制定科学的规划，以便提出环境建设的新的目标任务，避免环境建设的盲目性。另一方面，科学规划环境建设的任务目标。科学信仰培育环境建设应该追求实际效果，避免形式主义、教条主义。要深入开展调查研究，对大学生的心理状况、思想动态和心理需求进行科学的评估，在充分考虑现实客观条件的基础上，制定切合教育对象思想实际的规划，具有可行性、操作性。在整个环境建设过程中，要不断加强对新情况、新问题的研判能力，对计划要及时调整，进而推动环境建设的顺利开展。

第三，科学信仰培育环境建设的方法措施。

科学信仰培育的环境建设，需要考虑国家整体环境建设状况，还要通盘考虑其他方面的环境建设，使之协同发展。必须确立大环境的理念，充分考虑环境对科学信仰培育工作的影响，依靠党的领导，采取有效的方法措施，进而促进科学信仰培育工作顺利开展。

首先，创设适宜的科学信仰培育的宏观环境。社会环境是一个复杂的结构体系，从更宏观的角度看，包括经济、政治、文化等。随着科技革命的飞速发展，科技环境对科学信仰培育工作的影响也越来越深刻。因此，创设适宜的科学信仰培育的宏观环境，也应该考虑科技因素，并需要做好以下几个方面的工作：

一是构建和谐有序的社会经济环境。社会经济环境是物质生产力、物质生活状况以及生产关系的总和，为科学信仰培育工作的顺利开展提供物质条件。经济基础是人的思想意识产生的前提条件，为新时代大学生科学信仰观的确立奠定物质条件，并为其提供强大的内生动力，"它不仅提供可供教育直接消费的货币形态的教育经费，实物形态的教育设施，还提供教育间接消费的经济范畴的劳动年龄人口和可用于智力活动的空间时间。"[1]缺乏物质基础

〔1〕 吴鼎福、诸文蔚：《教育生态学》，江苏教育出版社1990年版，第25页。

的科学信仰培育工作将无法顺利开展，并将在一定程度上影响新时代大学生科学信仰观的确立。

社会经济环境的创设是一项长期的系统工程，需要社会各界共同配合、协同作用。一方面，大力发展社会生产力，为科学信仰培育工作奠定物质基础。生产力是人类社会发展的决定性因素，它制约着社会一切活动的开展。然而，由于当今中国正处于社会转型期，经济领域中出现了诸多矛盾，生产力的发展也因此受到了一定影响。要促使生产力得到飞速发展，需要摒弃生产关系中的不合理因素，重点解决现实生活中的贫富悬殊、利益纠纷等问题。由于社会主义市场经济的发展，不同利益群体之间不可避免地存在利益纠纷。有些人为了宣泄不满情绪，甚至采用极端手段做出危害公众安全的事情，这些都需要引起思想政治工作者的高度关注。因此，需要思想政治工作者综合采取多种措施来促进各种利益关系的协调，解决不同利益群体之间的冲突和矛盾，从而促进科学信仰培育工作的顺利开展。另一方面，不断规范经济秩序，建立科学的经济伦理体系。随着社会主义市场经济的发展，经济领域中衍生出诸多不良现象，贩卖假货、以假充次，甚至还有人在经济利益的驱使下做出危害人民生命安全的极端事件，各地不断出现的食品安全问题就是明证。为了规范经济秩序、净化经济环境，我们需要大力宣传文明理念，培育诚信意识，进而在全社会形成一种公平竞争、互助友爱的良好社会氛围。

二是创造安定团结的社会政治环境。社会政治环境主要指政治意识、政治设施、政治制度、政治体制等。在社会结构中，政治在上层建筑中居于主导地位，它可以能动地作用于社会经济基础，影响社会的文化发展、艺术繁荣等，并对人们的思想行为产生深刻影响。政治有时也是一种社会实践活动，它往往表现为一定阶级为实现政治目标而产生的利益冲突、开展的权力斗争。政治活动的开展需要科学理论的指导，因此社会政治环境必然对人的科学信仰观的确立产生深刻影响。安定团结的社会政治环境是社会经济发展的保障，也能促进科学信仰培育工作的顺利开展。如果不加强政治意识的宣传，科学信仰教育便缺乏政治保障。在新的时代背景下，要想创造安定团结的社会政治环境，必须考虑科学信仰培育的目标。一方面，宣传党的路线方针政策。党的方针政策关系到改革开放总方针的贯彻落实、社会主义建设总目标的实现。党的路线方针政策的宣传必须以坚持四项基本原则为根本，四项基本原则是立国之本，为全党全国人民提供方向指引，如果不坚持四项基本原则，资产阶级自由化思潮将会蔓延泛滥，全国人民将很难形成统一的意志，也会缺乏坚定的政治方向。改革开放政策的提出为党的路线方针政策赋予新的时代内涵，不坚持改革开放，就会影响社会主义制度优越性的发挥，阻碍社会生产力的发展。在新的时代背景下，为了创造一个促进科学信仰教育工作顺利开展的良好政治环境，需要宣传党的路线方针政策、改革开放的基本政策，并在社会主义建设中极力促成两者的协调统一，进而保障社会的和谐稳定。另一方面，加强社会主义民主与法治建设。社会主义民主的本质是人民当家作主，赋予人民群众自主参与管理国家政治生活的权利，保障各方面的权益，进而调动广大人民群众参政议政的积极性。要在坚持民主集中制的基础上，继续完善人民代表大会制度和政治协商制度，坚决反对大民主主义、极端民主化思想。这种错误的民主观念，追求一种不受任何限制的自由状态。在新的时代背景下，加强社会主义民主与法制建设，需要采取科学的方法，广泛听取群众的意见，真诚接受来自各方面的监督和批评，坚决克服官僚主义、形式主义，改进工作作风，努力创造一个有集中、有民主、有纪律和自由，又能统一意志，团结奋进、生动活泼的政治环境。

三是创设良好的社会文化环境。社会文化环境一般是指一个国家悠久的民族文化和现代文化的综合，具有继承性、发展性的特点。在新的时代背景下，由于世界范围内文化交流的愈加频繁，中华传统文化的传承发展也面临诸多困境。因此，需要深入挖掘传统文化中的优秀成分，正确处理继承与创新的关系，为科学信仰培育工作提供适宜的文化氛围。那么，如何创造这种适宜的文化环境呢？一方面，充分挖掘中华传统文化的优秀成分。中华传统文化包含中国古代的科学发明、优秀的文学遗产以及精湛的民族艺术，等等，是中国人民智慧的结晶，一定要在新的时代条件下不断继承发展，而不能采取民族虚无主义的态度，一概否定和抛弃。但是，由于自然经济、农耕文化和封建宗法意识的深刻影响，民族文化中仍然具有一定的消极成分，这就要求思想政治工作者根据科学信仰培育工作的实际需要，辩证分析，取其精华、去其糟粕，不断地继承创新，进而创造一个健康的文化环境。另一方面，辩证吸取人类文明的一切优秀成果。经济全球化的发展，为各国之间的文化发展创造了一个开放的社会环境。这使得民族文化的发展必须树立包容的态度，反对固步自封和僵化保守思想。只有加强同世界各民族文化的交流互鉴，才能创造出具有本国特色的民族文化。新时代，要坚持科学的思维方式，理性地审视西方文化，辩证地吸取文化精髓。只有以科学的态度对待西方文化，才能为科学信仰培育工作创造良好的文化环境。

四是创造良好的科学技术环境。在新的时代背景下，科学技术日益显示出巨大的威力，对人类社会生活的各个方面产生深远影响。新时代大学生的信仰培育工作要想落到实处，需要构建一个良好的科学技术环境，使科学技术能够真正服务于社会。马克思认为科学技术属于生产力范畴，"劳动生产力是由多种情况决定的，其中包括：工人的平均熟练程度，科学的发展水平和它在工艺上应用的程度，生产过程的社会结合，生产资料的规模和效能，以及自然条件。"〔1〕马克思还指出科学技术是人类历史上一种能动的、革命的力量，它通过各种形式为人类构建了一个多样化的生活图景，并演变发展成为人类现实存在的重要方式："不管我们愿意与否，它直接地决定了我们的生活方式，间接地决定了我们对价值的陈述和价值系统。"〔2〕科学技术的这种意识形态功能，也在潜移默化地影响着人们的思想、观念和信仰。随着科学技术的发展，人从工具形式中解放出来，其信仰观也遭受前所未有的冲击。随着人类的个体实践活动越来越依赖于科学技术，人类的体力和智力将面临丧失的危险，人的尊严也将因为科学技术发展而受到挑战，人类的道德危机也将因此出现。克隆技术对人类个体的复制，引起了个体"自我同一性"认识的混乱，这不仅颠覆了传统社会的伦理道德体系，还引发了"我是谁"的身份认同危机。当人们通过互联网进行交往时，个人的行为时刻受到网络技术的监控，个人的隐私问题受到严重威胁，个人的信仰也随之出现了危机。因此，需要寻找一条平衡伦理道德和科学技术发展的方式，把科学技术导致的忧患意识转化为人文关怀，为新时代大学生科学信仰观的确立架桥铺路，进而实现科学技术与科学信仰观确立的"双赢共赢"。一方面，确立科学技术道德观。全球化是科学技术推动的直接结果，是生产力高度发展、世界性普遍交往形成的必然趋势，马克思阐述："资产阶级，由于开拓了世界市场，使一切国家的生产和消费都成为世界性的了。"〔3〕随着经济全球化的发展，全球性问

---

〔1〕《马克思恩格斯选集》（第2卷），人民出版社2012年版，第100页。

〔2〕［法］让·拉特利尔著，吕乃基、王卓君、林啸宇译：《科学和技术对文化的挑战》，商务印书馆1997年版，第3页。

〔3〕《马克思恩格斯选集》（第1卷），人民出版社2012年版，第404页。

题也不断出现，这是一个必然的历史过程。由于科学技术的快速发展，生态环境问题开始出现，海洋污染、太空污染、废弃物导致的温室效应等不断困扰人们。发达国家利用科技优势不断向发展中国家进行经济扩张，试图转嫁国内的经济危机、社会矛盾，进而造成了严重的贫富差距问题。因此，必须确立全球科学技术伦理观，以人类整体利益和人类自身的和谐发展为评判科学技术的最高标准。作为掌握科学技术的个人或团体，也要关注人类整体利益，并自觉承担起推动人类社会发展的责任义务。个体要自觉运用科学技术以推动社会经济发展，不以任何方式削弱人类社会的生存质量，对人类社会造成不利影响。因此，科学技术应以增进人类福祉、促进人类和谐发展为宗旨。另一方面，出台系列相关的法律法规。因为对科学技术的不当运用会造成对人类生存环境的破坏、对生活质量的威胁，需要出台相关的法律法规，约束人们的不合理行为。联合国在 1982 年通过了《世界自然宪章》，目的是保护自然、更好地利用科学技术为大自然服务，从而对各国产生了一定的约束力。《联合国海洋法公约》《保护臭氧层维也纳公约》《蒙特利尔条约》等，都是为了更好地运用科学技术。《中华人民共和国森林法》《中华人民共和国野生动物保护法》等，也以法律形式严格规范了人类的科学技术活动。法律建设是一种外在的强制性力量，目的是约束人们利用科学技术进行的系列活动，督促人们进行自我约束、自我反省，使科学技术真正能够服务人类，进而为人们科学信仰观的确立提供一个良好的技术氛围。

其次，营造一个促进科学信仰培育顺利开展的理论环境氛围。科学信仰培育活动的顺利开展，需要一个良好的社会环境氛围。要继续坚持马克思主义在意识形态领域的指导地位，如果动摇马克思主义的指导地位，那么就会削弱党的理论根基，进而阻碍科学信仰培育活动的顺利开展。一个良好的环境氛围的营造，需要在党的领导下，社会各界共同努力，齐心协力去创造一个学习理论的环境条件。

一是扩大马克思主义宣传教育的阵地。为了提升马克思主义理论的影响力，除了要巩固传统的马克思主义宣传教育阵地，还要开辟新的理论宣传教育阵地，不断扩大马克思主义的影响力、感召力和辐射力。当前要利用互联网的特殊优势，增强网络宣传意识，做好互联网上的科学信仰的宣传教育活动。尽快建立一批有较大影响力的马克思主义理论宣传网站，加大宣传力度，提升马克思主义理论相关网站的知名度。同时，在丰富网上中文信息量的基础上，努力增加外文信息量，使外国读者能够有更多机会了解马克思主义中国化的理论成果。要采用新型的链接技术，使中文版和外文版信息能够相互转换，进而满足不同读者的文字需求。

二是加大对马克思主义理论宣传的投入，不断完善相关的硬件设施。为了使马克思主义理论能够占有更为优质的资源，增强竞争力，需要为马克思主义的宣传教育提供更多的人力、物力和技术保障。采用最新的出版技术，增强马克思主义理论读物的可读性，出版马克思主义理论的电子读物，增强趣味性。同时，努力建设具有一定可读性的全文检索数据库，并不断丰富内容体系，吸引更多的访问者。

三是培育马克思主义理论的专业人才。要促进科学信仰培育工作的顺利开展，必须打造一支具有较高专业素养的人才队伍。努力培养教育、新闻、出版、文艺等行业的理论工作者，特别是培养青年马克思主义者，进而扩大马克思主义理论宣传者队伍。对于科学信仰培育的专业人才，要给予他们政治上的引领、思想上的引导和生活上的关心，为他们提供良好的工作环境和生活条件，使他们能够全身心投入科学信仰培育工作。

再次，完善科学信仰培育的政策体系。要保证科学信仰培育工作有章可循，需要完善相关的政策，并协调各种政策之间的关系。推动马克思主义理论的学科建设和教材建设，从政策上保证科学信仰培育的课程建设、系统讲授以及质量评估，从而不断培育有理想、有情怀和有担当的新时代青年。

一是健全文化管理政策。科学信仰培育工作的顺利推进，需要逐步完善各项文化管理政策。在新时代背景下，要积极探索建立党委统一领导、运行有序、发展有力、与社会各项建设协调发展的文化管理政策。一方面，要对马克思主义理论的宣传给予积极的资金支持、政策倾斜，尤其要为一些出版机构提供资金保障，增强他们宣传马克思主义理论的能力。另一方面，严厉禁止公开传播资产阶级错误观点。坚决反对打着理论创新的幌子传播资产阶级的言论观点。对于一些盛赞资产阶级自由化思想、鼓吹私有化和新闻自由的观点，必须坚决加以反击，决不允许滋生蔓延。同时，制定科学合理的文化宣传方针，在坚持四项基本原则的前提下，宣传党的方针政策、社会主义经济建设成就等，促使科学信仰教育的外部环境健康有序地发展。

二是加强对网络环境的监管。要加强对互联网的监管，提高科学信仰培育的技术环境。对网站刊登新闻、创建各种论坛以及收发电子邮件等，有关部门要加强监管，出台一系列管理办法，及时有效地剔除有害信息，禁止传播思想不健康的内容。同时，相关单位还要努力探索科学信仰培育的特点和规律，总结经验教训，改进科学信仰培育的方式，不断完善相关的规章制度，进而推进科学信仰培育工作走向规范化道路。

三是加强网络道德建设。在互联网时代，如何规避错误的网络行为、维护网络道德秩序成为重要议题，相关职能部门要采取相应的方法。一方面，培育网络道德自律精神。培育网络道德自律精神是指规范上网行为、网上言论，坚决反对在互联网上散布不当言论。随着互联网的发展，网络支付成为重要的交易形式，人们更加热衷于网络购物。然而，为了获取更大的经济利益，有些人卖假货次货，以次充好，坑蒙拐骗，进而扰乱了网络秩序。因此，制定网络文明公约，规范网络行为，培育自律精神，才能促进网络道德空间的净化。另一方面，培育诚信意识。在互联网时代，诚信意识的养成非常重要，要采取综合措施，让诚信渗透生活的各个层面。在网络生活中，只有培育诚信意识，才能增强人们之间的信任感，促进风清气正的网络道德的形成。诚信意识的培育并非一蹴而就，而要经历一个长期的历史过程，需要社会各界协同行动、互相配合，共同推进。

四是建立各组织机构的协商政策。明确各级组织、各类机构在科学信仰培育工作中的职责、分工、责任等，建立各组织结构的协商机制，使这些机构能够在科学信仰培育的指导思想、构建内容、方针原则上达成一致，提出具有可行性的对策建议，反对各个组织机构任意行事。同时，优化各组织机构之间的资源配置，使各种组织机构之间实现资源优化，进而运转有序，形成强大的合力。

最后，加强相关的环境建设。科学信仰培育的环境建设要在宏观层面考察的基础上，构建理论环境氛围，完善相关的政策体系，还需要加强经济制度建设、党风廉政建设以及微观环境建设等。

一是构建公正的经济制度环境。共同富裕作为社会主义建设的目标，同共产党的使命、马克思主义理论的生命力和影响力密切相关。毛泽东认为如果我们不能提高生产力，增加收入，使农民实现共同富裕的目标，那么就无法真正领导农民走社会主义道路。在改革开放的进程中，邓小平指出了共同富裕是社会主义优越性、社会主义本质的重要体现。在新的历史条件下，要想实现共同富裕的目标，必须实施公平公正的经济制度，出台富民惠民的系列政策，逐步缩小城乡差距、地区差距和收入差距，否则不仅违背公平正义的原则，还在一定程度上影响社会的和谐稳定发展，进而引起人们对马克思主义的怀疑。

二是创造良好的党风和社会风气。风气是一个社会精神风貌和价值取向的重要体现，风气也是一种环境，是一种无形的精神力量。良好的风气能够产生积极的心理体验，使人如沐春风，能够陶冶情操。因此，我们要抓好党风、社会风气的建设，为科学信仰培育奠定良好的环境基础。

执政党的党风关系执政党的形象，是执政党生命力、凝聚力的重要体现。共产党的执政形象是整个社会的方向标，对民风的确立起到良好的示范作用。毛泽东指出："只要我们党的作风完全正派了，全国人民就会跟我们学。党外有这种不良风气的人，只要他们是善良的，就会跟我们学，改正他们的错误，这样就会影响全民族。"[1]邓小平也强调指出："为了促进社会风气的进步，首先必须搞好党风。"[2]只有搞好党风建设，才能促进政治风气得到根本的改变，社会风气也才能逐步好转。党风正、社会风气好，体现了科学信仰培育工作的实效性，增强了马克思主义理论的影响力、感召力。胡锦涛在科学总结反腐倡廉经验的基础上，提出了标本兼治、预防为主、注重惩罚的方针，做出了不断健全惩治腐败的重要战略决策。习近平把反腐败斗争推进到一个新的历史阶段，对党内腐败现象零容忍，严惩党内腐败分子，坚决把逃亡国外的腐败分子缉拿归案。

社会风气是关系社会和谐稳定的重要问题。国泰民安、社会风气良好，是全国人民的美好凤愿。随着社会主义市场经济的发展，多元文化不断传播发展、一些陈规陋习依然左右人们的生活，因此共产党员要以身作则，率先示范，带领人民群众建设良好社会风气。转变社会风气，要从每个基层组织，每个工厂、学校、机关、村庄做起，每个党员、普通民众都要担负起应有的责任。在城乡居民中积极开展移风易俗的活动，提倡科学健康的生活方式，坚决抵制愚昧落后的内容。对封建主义的陈旧思想、资产阶级的腐朽生活方式，要坚决加以抵制，并努力转化其中的消极因素，进而创造科学信仰培育的良好环境。

〔1〕《毛泽东选集》（第3卷），人民出版社1991年版，第812页。
〔2〕《邓小平文选》（第2卷），人民出版社1994年版，第177页。

三是加强微观环境建设。科学信仰培育的微观环境对个体信仰观塑造的影响最为具体，主要包括家庭环境、校园文化环境、人际关系环境、社区环境等。新时代大学生科学信仰观的培育，需要加强微观环境建设。

创设和谐的家庭环境。家庭环境对一个人的思想行为产生重要影响，"家庭是社会的初级群体，也是个体社会化的主要场所，在个体生活的微观环境中，父母对子女的互动影响个体早期的社会化的进程。"[1]父母是子女的第一任导师，其行为习惯、价值追求对子女产生深远的影响，良好的家庭环境能够培育子女科学的信仰观，而不和谐的家庭环境则会影响科学信仰培育的效果。一方面，父母要发挥榜样示范作用。家庭环境对子女的影响，表现为父母对子女行为的引导、思想的引领和价值观的塑造。在家庭教育中，父母的言行举止都会在无形中影响子女的性格养成、处事方式和思想特点，也自然把一些社会规范传递给子女，从而在潜移默化中影响子女的道德品格、行为方式。因此，父母要发挥榜样作用，树立终身学习的理念，才能更好地承担言传身教的职责，进而为子女科学信仰观的形成奠定重要基础。另一方面，重视家教家风。家风是一个家庭在长期的生活中，经过世代繁衍逐步形成的较为稳定的行为习惯、生活作风和处事原则。中国古代的《颜氏家训》，对家风家规的塑造起到了很好的示范作用，近现代历史上的《傅雷家书》也成为家庭教育的重要范本。父母要重视对子女的思想品德教育，立人先立德，对子女的教育首先应该体现为健全人格的养成、科学世界观的塑造，进而促进良好家教家风的传承。

创设适宜的校园文化环境。校园文化是大学生信仰培育的文化环境，也是影响其科学信仰观塑造的重要因素。校园文化是一种外在的物化形态，以基础设施、环境布局和文化设施等形式直观呈现。校园文化环境具有广泛性、时代性的特征。校园文化的广泛性表现在影响对象的多样性、内容的丰富性，校园文化的时代性体现为对这个时代精神文化的反映，随着时代的发展而不断丰富其内容体系。在校园文化环境中，宿舍文化对学生的影响最为直接。宿舍文化是大学生审美意识、文化观念和团结精神的重要体现，如果一个宿舍的同学努力进取、团结奋进，宿舍文化必然具有一定的感召力、影响力。高校的校团委、学工部要加强对宿舍文化的管理，引导新时代的大学生努力

---

[1] 沙莲香主编：《社会心理学》，中国人民大学出版社 2002 年版，第 8 页。

创造一个温馨优美的文化环境,从而为校园文化环境的构建奠定基础。新时代的大学生要努力培育宿舍文化,陶冶身心,提升审美意识。

校园文化环境是同社会大环境紧密联系在一起的,受其影响和制约。加强校园文化建设,需要科学引导校园文化的发展方向。一方面,创建丰富多彩的校园文化活动。为了进一步规范管理学生社团,改变校园文化娱乐性内容多、校园社团名目繁多的现象,需要开展一些富有知识性、教育性的社团活动,以此提升大学生的价值观念、思想意识。另一方面,提高教师的职业道德素养。教师的师德师风、教学水平是影响校园文化建设的重要因素,教师只有潜心教学、认真研究教学教法,真诚关爱学生,才能促进校园文化的发展。同时,教师要坚持正确的舆论导向,引导新时代的大学生科学辨析主流文化和非主流文化的区别,了解马克思主义的思想真谛,进而增强对社会主义的认同感。

构建和谐的人际关系环境。人际关系环境主要是指围绕在个体周围的人际关系的总和,是人们在广泛的物质生活、精神生活交往中形成和发展起来的。对于新时代的大学生而言,人际交往环境主要是指个体周围经常交往的同辈群体,对其科学信仰观的形成影响很大。同辈群体成员在社会地位、兴趣爱好、文化水平、价值标准和行为准则等方面大致相同或者相近,容易形成一种平等的交往关系、和谐民主的氛围,因此可以根据群体的兴趣爱好合理安排活动。同时,由于同辈群体之间文化程度大致相同,容易进行文化上的交流沟通,进而产生思想共鸣。在对新时代大学生进行科学信仰培育的过程中,思想政治工作者要科学认知同辈群体的重要作用。一方面,积极促成同辈朋友之间形成共同的价值观念、行为准则,并努力同科学信仰培育的要求和目标相契合。实践证明,当两者相一致时,能够发挥积极的作用,当两者不一致时,有可能产生消极的作用。在现实生活中,由于社会经验不足,一些青年误入歧途,加入了不良的同辈群体朋友圈,容易受到不良习气的影响,这种现象应该引起我们足够的重视。另一方面,及时掌握同辈群体的活动情况,及时给予帮助和指导。总之,在对新时代大学生进行科学信仰培育的过程中,要重视人际环境因素的影响,充分发挥同辈群体的积极作用,努力消除不利因素,促使青年逐步确立科学的信仰观。

加强社区环境建设。社区一般是指一定数量的人按照一定的社会关系聚集在某一地域所形成的一个人类生活共同体,是科学信仰培育环境体系的重要组成部分。社区环境包含一定数量的人口、一定的区域范围、一定的规章制度和风俗习惯以及一定的服务设施等。社区环境中的各个要素通过一定的方式，悄无声息地影响社区成员科学信仰观的形成和发展。因此，要采取有效的措施促进社区环境建设。一方面，营造良好的社区文化氛围。社区文化环境对社区成员的道德人格、信仰养成产生重要的影响，一个具有一定历史文化底蕴的社区，在长期的文化交流融合中，在不断吸收外来文化的基础上，不断融合创新，从而形成了具有本社区特色的文化传统，从而对社区成员科学信仰观的形成产生一定的影响。另一方面，制定完善的社区规章制度。社区规章制度主要是指社区成员的道德规范、行为准则，对社区成员具有一定的约束力。社会成员一旦触犯了社区的规章制度，将不可避免地受到其他社区成员的舆论谴责。只有社区的规章制度和科学信仰培育的目标相契合，规章制度的约束力才能体现出来，进而产生强大的教育效果。然而，对于那些落后保守的规章制度，这种约束力不能有效发挥作用，反而阻碍个体的思想进步，进而影响大学生科学信仰观的确立。

（三）提升思想政治工作者的素质结构

开展对新时代大学生的科学信仰培育工作，需要提升思想政治工作者的综合素养。由于理论教育的科学性、系统性和专业性的特点，要想实现理论教育的目标，需要以强大的理论教育队伍作为组织保障。列宁充分认识到加强理论教育队伍建设的重要性，明确阐述："现在我们要培养出一支新的教育大军，它应该同党和党的思想保持紧密联系，贯彻党的精神，它应该把工人群众团结在自己的周围，以共产主义的精神教育他们，使他们关心共产党员所做的事情。"[1]江泽民认为："在我们党领导的各条战线中，宣传思想战线是一条十分重要的战线。在我们党的各级领导机关中，宣传思想工作部门是一个十分重要的部门。在我们党的干部队伍中，宣传思想工作队伍是一支十分重要的力量。"[2]习近平也认为在新的时代条件下，必须重视人才队伍建设，"着力培养忠诚干净担当的高素质干部队伍和宏大的人才队伍。"[3]努力建设一支政治强、业务精、能力强、作风正和纪律严的思想政治工作者队伍，不

---

〔1〕《列宁选集》（第4卷），人民出版社2012年版，第305页。
〔2〕《十四大以来重要文献选编》（上），人民出版社1996年版，第647页。
〔3〕习近平：《在庆祝改革开放40周年大会上的讲话》，人民出版社2018年版，第36页。

断提高其思想政治素质和工作能力，对于科学信仰培育目标的实现至关重要。从丰富科学信仰培育内容体系的角度，优化思想理论工作者的素质结构，需要在以下几个方面做出努力。

第一，提高马克思主义理论素养。

科学信仰培育工作是融思想性、科学性于一体的社会实践活动，要求思想政治工作者必须具备坚实的马克思主义理论功底。马克思主义理论功底是思想理论工作者安身立命的根本，只有具备这样的理论素养，才能使科学信仰培育工作开展得有声有色。

一方面，熟练掌握马克思主义的基本理论。马克思主义是科学的思想理论体系，内容博大精深。作为思想政治工作者理应把握基本原理、掌握科学的内容体系，这也是做好科学信仰培育工作的基本要求。思想政治工作者队伍中有些同志的理论功底比较薄弱，对马克思主义基本原理又了解不深，从而构成了科学信仰培育工作的重要思想障碍。邓小平指出："现在，有些人发议论，往往只看现象，原因是理论和实践都没有根底。只有打下根底，才能真正纠正错误，包括纠正'左'的和右的错误。"[1]江泽民也指出："每当革命和建设的重大关头，我们党总是结合不断发展的实际，加强理论学习，提高全党的马克思主义水平，这是一条宝贵的历史经验。"[2]思想政治工作者要努力学习马克思主义理论，锤炼基本功，打下扎实的马克思主义理论功底。

另一方面，运用马克思主义的立场观点、方法解决实际问题。促进马克思主义理论同中国革命实际问题相结合，运用马克思主义观点方法解决实际问题才是真正的理论工作者。在长期的革命实践活动中，一些党员脱离中国实际，只是单纯地进行理论学习，死记硬背条条框框。毛泽东在延安时期这样阐明："许多同志的学习马克思列宁主义似乎并不是为了革命实践的需要，而是为了单纯的学习。所以虽然读了，但是消化不了。只会片面地引用马克思、恩格斯、列宁、斯大林的个别词句，而不会运用他们的立场、观点和方法，来具体地研究中国的现状和中国的历史，具体地分析中国革命问题和解决中国革命问题。"[3]在新的时代背景下，由于中国社会实践面临各种新矛

---

〔1〕《邓小平文选》（第2卷），人民出版社1994年版，第382页。

〔2〕《十五大以来重要文献选编》（上），人民出版社2000年版，第425页。

〔3〕《毛泽东选集》（第3卷），人民出版社1991年版，第797页。

盾、新问题，普通民众未免会产生这样或者那样的思想困惑，进而影响其科学信仰观的确立。分析社会现实问题，化解思想困惑，需要科学运用马克思主义的立场观点，否则，将有可能使人们形成模糊的思想认识。

第二，丰富科学文化知识。

马克思主义是在广泛吸纳人类文明成果的基础上产生的，也将在继续吸收人类优秀文明成果中继续发展，"吸收和改造了两千多年来人类思想和文化发展中一切有价值的东西"[1]。马克思主义的这一特征决定了思想政治工作者必须掌握丰富的科学文化知识。列宁在十月革命胜利后指出："文盲是处在政治之外的，必须先教他们识字。不识字就不可能有政治，不识字只能有流言蜚语、谎话偏见，而没有政治。"[2]毛泽东也这样阐述："我们的工农干部要学理论，必须首先学文化。没有文化，马克思列宁主义的理论就学不进去。学好了文化，随时都可学习马克思列宁主义。"[3]作为从事科学信仰教育的思想政治工作者，要完成科学信仰教育的任务，需要努力学习各种知识，进而奠定深厚的科学文化基础。

一是储备丰富的知识体系。对于思想政治工作者而言，储备丰富的知识体系非常重要。这是因为马克思主义是在广泛吸收人类一切知识成果的基础上产生的，因此学习掌握它需要具备各方面的知识。同时，又因为新时代的大学生人生经历不同，思想认识也存在差异，因此，思想政治工作者要想做好科学信仰培育工作，必须全面掌握各方面的知识，进而才能更好地促进科学信仰培育工作的顺利开展。思想政治工作者要肯下功夫，具有孜孜不倦的奋斗精神，努力掌握各种知识，进而不断丰富自己的知识储备。

二是不断完善知识结构。科学信仰观的培育是一个长期的系统工程，需要思想政治工作者不断加强理论学习，具备完善的知识结构，并逐步提高思想认识。一方面，思想政治工作者需要掌握扎实的专业理论知识。思想政治工作者需要掌握马克思主义理论、思想政治教育基本原理、思想政治教育主要方法、中国共产党思想政治教育的基本经验等，同时，还要学习心理学、教育学、伦理学、政治学、社会学、管理学等方面的理论知识。只有切实掌

〔1〕《列宁专题文集　论社会主义》，人民出版社 2009 年版，第 167 页。
〔2〕《列宁专题文集　论社会主义》，人民出版社 2009 年版，第 268 页。
〔3〕《毛泽东选集》（第 3 卷），人民出版社 1991 年版，第 818 页。

握这些理论知识，才能提高思想政治工作者的综合素养。另一方面，思想政治工作者需要具备广博的相关学科知识。思想政治工作者不仅要掌握扎实的专业理论知识，还要了解经济学、法学、历史学、美学、逻辑学，以及数学、统计学等其他学科的知识。只有不断掌握这些知识，并有效运用到科学信仰培育的实际工作中，才能取得良好效果。

三是紧跟时代不断丰富知识体系。当前正处在知识不断更新、快速发展的新时代，新的知识不断涌现、旧的知识加速淘汰。进入 21 世纪，知识增长速度空前加快。思想政治工作者如果不努力学习新的知识，将会被时代所淘汰。思想政治工作者必须聚焦时代前沿问题，以推进人类文化发展、培育民众科学的信仰观为宗旨，具有世界胸怀，以海纳百川的气概、兼收并蓄的气度，善于吸收人类文明的一切成果，在对东西方文化的比较分析中不断提升自我，进而成为契合时代要求的综合性教育工作者。

第三，不断提升工作能力。

能力是一个人完成工作任务的本领，展示了一个人的综合素质。思想政治工作者的能力主要体现在能够运用丰富的知识储备、较强的理论功底，借助于科学的方式方法，引导学生掌握科学的信仰理论。江泽民指出："就要从实际出发，认真学习和研究马克思主义基本理论，深化对国情的认识，不断地对人民群众的实践进行理论概括，掌握现代化建设的客观规律。这需要我们的知识分子进行艰辛探索。"[1]这些论述，为提高思想政治工作者的工作能力提供了基本遵循。

一是提升科学阐述马克思主义理论的能力。科学信仰教育工作要想取得实效，必须依靠"以理服人"，展示理论的魅力。"以理服人"，要求思想政治工作者具备科学阐述马克思主义理论的能力。如果不具备这方面的能力，可能会片面地理解马克思主义，进而不可避免地犯形而上学的错误。一方面，思想政治工作者要培育严谨科学的态度。在马克思主义的传播发展历史上，出现过拘泥于经典作家词句、照搬照抄的教条主义，以及断章取义地乱用于社会实践的实用主义错误思想倾向，进而对中国革命和建设造成了不可估量的损失。思想政治工作者要极力避免这种现象发生，坚持发展辩证的观点，结合马克思主义丰富的知识体系、具体的历史条件，正确阐释马克思主义的

---

〔1〕《江泽民文选》（第 1 卷），人民出版社 2006 年版，第 125 页。

观点、原理和立场，确立发展的理念。同时，思想政治工作者还要运用发展的马克思主义理论，科学阐述当代社会发展的一般图景、发展规律和发展趋势，进而不断提升阐述马克思主义理论的能力。另一方面，思想政治工作者要提高理论思维能力。提高理论思维能力，体现为能够运用理论知识对大量的感性材料进行分析对比、概括归纳。恩格斯指出："一个民族想要站在科学的最高峰，就一刻也不能没有理论思维。"[1]思想政治工作者思维能力的提高，体现在理论不断丰富、思想渐趋深刻以及思维具有批判性。同时，思想政治工作者还要运用恰当的语言表达方式，力求语言准确严谨、论证严密。在此基础上，还力求做到语言生动形象、通俗易懂，用言简意赅的语言表达抽象的理论，力求将深奥的理论形象化、枯燥的知识有趣化，进而提高理论教育的感染力、吸引力。

二是提高解决现实问题的能力。要使科学的理论被群众掌握，科学信仰培育工作必须紧跟时代、贴近实际，科学应答人们普遍关心的重要现实问题。运用科学理论解决现实问题，是我党一贯坚持的重要原则。马克思指明："哲学家们只是用不同的方式解释世界，而问题在于改变世界。"[2]毛泽东指出："我们党校的同志不应当把马克思主义的理论当成死的教条。对于马克思主义的理论，要能够精通它、应用它，精通的目的全在于应用。如果你能应用马克思列宁主义的观点，说明一个两个实际问题，那就要受到称赞，就算有了几分成绩。被你说明的东西越多，越普遍，越深刻，你的成绩就越大。"[3]江泽民也认为："各级党校再对干部进行马克思主义教育过程中，一定要针对中国社会主义现代化建设和改革开放的实际，针对当代社会主义发展和国际共产主义运动的实际，以马克思主义为指导，认真研究和解决广大学员普遍关心的重大问题，做到'有的放矢'，增强针对性、科学性和战斗性。"[4]回答社会现实问题，是增强科学信仰培育针对性、科学性的必然要求，也是理论教育具有重要价值的深刻体现。一方面，提高调查研究的能力。调查研究是贯彻唯物主义认识路线的重要体现，也是思想政治工作者必备的职业素养。

〔1〕《马克思恩格斯全集》（第3卷），人民出版社2012年版，第875页。

〔2〕《马克思恩格斯文集》（第1卷），人民出版社2009年版，第506页。

〔3〕《毛泽东选集》（第3卷），人民出版社1991年版，第815页。

〔4〕《十三大以来重要文献选编》（中），人民出版社1991年版，第1145页。

毛泽认为：“做宣传工作的人，对于自己的宣传对象没有调查，没有研究，没有分析，乱讲一顿，是万万不行的。”〔1〕在新时代，要调查分析事关改革开放政策实施、人民群众切身利益等问题，只有增强调查研究的意识和能力，才能找出解决问题的科学方法，进而廓清新时代大学生的思想迷惑。另一方面，增强理论说服的能力。理论说服能力是思想政治工作者综合素养的体现，只有增强这一能力，才能更好解决现实问题。毛泽东指出：“我们作宣传工作的同志有一个宣传马克思主义的任务。这个宣传是逐步的宣传，要宣传得好，使人愿意接受。不能强迫人接受马克思主义，只能说服人接受。”〔2〕新时代的大学生都有一定的思维定势和对问题的评价能力，思想政治工作者只有对社会现实问题做出精辟的分析，并给予充分的解释说明，才能使人接受。反之，如果分析问题不到位，理论分析浮于表面，青年大学生不仅难以接受深奥的理论，还有可能丧失理论的判断力。

　　三是提高综合运用各种方法的能力。科学信仰培育是一种讲究方式方法的教育活动。面对不同成长环境、思想认识千差万别、内心世界日益复杂的青年大学生群体，思想政治工作者试图运用一种教学方法来解决所有的问题，是绝对不可能的，必须综合运用各种方法手段。科学信仰培育工作需要运用科学的方式方法，融合各种方法，发挥合力作用，进而更好地提高科学信仰培育的实效性。思想政治工作者要根据原则性与灵活性相统一的原则、效率与效果相统一的原则选择方法手段，同时还要根据大学生身心特点，在信仰培育实践中不断探索出新的方法手段。科学信仰培育发展到新的时代，越来越受教育环境、科学技术、教育内容的影响和制约，在教育方式方法上呈现出新的发展态势。因此，思想政治工作者要具备运用科学技术方法的能力，围绕理论教育的发展态势不断探索新的方法。随着科学技术的日新月异，人类实践活动的规模不断扩大，信息通讯技术、微电子技术和新材料技术的迅猛发展，为思想政治工作者运用高科技方法提供了良好条件。思想政治工作者要具备运用现代化方法的能力，实现工作环境的网络化，运用网络技术、现代化的方式方法，在网络上与新时代大学生进行交流沟通，从而完成科学信仰培育工作的任务。

---

〔1〕《毛泽东选集》（第3卷），人民出版社1991年版，第837页。
〔2〕《毛泽东文集》（第7卷），人民出版社1999年版，第270页。

第四，具有发展的思维方式。

处于社会转型期的中国，社会环境发生了深刻的变化，经济利益多元化、社会思潮多元化和就业方式多样化等，都造成了科学信仰培育的新困境。因此，思想政治工作者要想完成科学信仰培育的任务，必须转变思维方式，树立发展的理念。一方面，思想政治工作者需要确立终身学习的理念。由于新时代大学生思想具有复杂性、多变性和差异性的特性，各种文化又交织碰撞，从而促使社会环境日趋复杂。为了完成科学信仰培育的任务，思想政治工作者要确立终身学习的理念，努力学习新知识、掌握新方法，只有这样才能紧跟时代潮流。另一方面，思想政治工作者需要参加各类职业培训。为了更好地从事科学信仰培育工作，思想政治工作者理应根据高校教学科研工作的现实需要，参加各种形式的职业技能培训活动，进而提高政治素质和业务素质。这些职业技能培训对于增强思想政治工作者的工作能力、提升其理论水平都有一定的现实意义。

二、完善科学信仰培育的方式方法

信仰作为一种超越性的理论体系，通过观念的形式对大学生科学世界观的确立产生重要影响。信仰是人类把握现实世界的一种精神力量，推动生命不断延续发展。瑞士精神分析学家荣格认为："大部分的人从记忆难及的洪荒时代起就感受到了一种信仰的需要，需要信仰一种生命的延续性。"[1]新时代的大学生是社会主义建设的生力军，其信仰观的确立关系社会发展、民族存亡。由于新时代的大学生具有各种思想困惑，因此需要思想政治工作者根据青年大学生的身心特点，积极探索各种类型的方式方法。这些方式方法是影响科学信仰培育效果的重要因素，需要在科学信仰培育的社会实践活动中逐步完善。完善科学信仰培育的方式方法，对于提高思想政治工作者的理论水平、改善科学信仰培育现状以及有效开展科学信仰培育工作，都有深远的历史意义和现实价值。

科学信仰观的确立是人完成自我超越、实现价值观塑造的过程，意志、直觉、情感体验等起着非常重要的作用，是以心理学为基础的，"心理学的研

---

〔1〕［瑞士］卡尔·荣格著，苏克译：《寻求灵魂的现代人》，贵州人民出版社1987年版，第127页。

究表明，信仰的形成也同其他思想意识的形成一样具有阶段性，是认识过程、情绪过程和意志过程的深刻融合和高度统一。经过认识、情绪、意志等过程的深刻融合，就形成了坚硬的'合金'——信仰。"[1]科学信仰观的确立还离不开理性因素，是理性因素与非理性因素的结合。因此，为了实现科学信仰培育的目标，需要在科学信仰培育实践中不断完善方式方法。

（一）情感陶冶法

信仰是理性和非理性的统一，而非理性主义的色彩更为浓厚。从教育经验上看，通过讲道理并非能够使人完全信服并确立科学的信仰观。在科学信仰培育的过程中，需要摆事实、讲道理，并投入大量的情感和精力，进而使大学生深刻领悟信仰的力量。从情感因素和意志因素考虑，科学信仰培育需要采取情感陶冶法。情感陶冶法是指教育者充分利用社会环境因素，创设教育情景，对受教育者进行情感熏陶，潜移默化地培育受教育者健康向上的道德情感，进而提高受教育者道德水平的方法。情感陶冶法与说理引导法不同，它寓理于情、以情感人、以情动人，侧重打开受教育者的心扉，使其在潜移默化中接受教育。情感陶冶法侧重于情感培养、意志养成，主要是通过情境设计，着力培育大学生的信仰情感、信仰意志，从而做到以情化人。

情感陶冶法对科学信仰培育发挥着非常重要的作用。第一，推动催化作用。马克思高度评价了情感的作用："人作为对象性的、感性的存在物，是一个受动的存在物；因为它感到自己是受动的，所以是一个有激情的存在物。激情、热情是人强烈追求自己对象的本质力量。"[2]列宁明确指出："没有'人的感情'，就从来没有也不可能有人对于真理的追求。"[3]黑格尔也充分肯定了情感的作用，认为热情是一切伟大事业成功的基础，"感情是你内心深处的力量，同时却又是一种异于你、不依靠你的力量，它在你身上支配你；它是你真正的本质，然而做为另外一个实体、好像另外一个实体在掌握你。"[4]情感在一个人的信仰养成中发挥重要的功能，它是思想认识转化为理想信念的

〔1〕　王立新、郑宽明、王文礼编著：《大学生素质教育概论》，科学出版社 2005 年版，第 147～148 页。

〔2〕　《马克思恩格斯全集》（第 42 卷），人民出版社 1979 年版，第 169 页。

〔3〕　《列宁全集》（第 25 卷），人民出版社 1988 年版，第 117 页。

〔4〕　北京大学哲学系外国哲学史教研室编译：《十八世纪末－十九世纪初德国哲学》，商务印书馆 1975 年版，第 492～493 页。

催化剂，推动人的认识快速转化为人的行为。因此，运用情感陶冶法培育新时代大学生良好的道德情感，必然会对其科学信仰观的形成起到催化和推动作用。第二，感化和熏陶作用。马克思主义认为："环境正是由人来改变的，而教育者本人一定是受教育的。"[1]社会环境对人的科学信仰观的确立产生重要的影响作用。运用情感陶冶法，把科学信仰教育活动寓于各种生动美好的情境之中，可以使教育者在无意中受到各种环境教育因素的感化。第三，情感沟通作用。运用情感陶冶法，教育者以自己高尚的道德情操影响受教育者，同受教育者进行真诚的心灵沟通，这不仅容易引起受教育者的情感共鸣，还在一定程度上提高了信仰培育的效果。

运用情感陶冶法进行科学信仰培育具有一定的基本要求。情感陶冶法侧重于情感培育、意志养成，努力使马克思主义信仰走进大学生的情感世界，并把这种对马克思主义的真挚情感转化为稳定的心理结构，进而促进信仰认知向信仰行为的转化。在这一过程中，教育者要积极设计教育情境，受教育者要积极体验情感氛围。运用情感陶冶法，教育者需要具备较高的综合教育能力，善于把科学信仰教育寓于各种精心选择、设计的情感情境之中。

第一，教育者精心设计具有生活化的教育情境。所谓设计教育情境，就是通过教育场景的营造，把抽象的理论具体化、深刻的理论情感化，激发大学生对信仰的情感需要，使他们能够深刻认知信仰对于人生的重要性，进而确立起科学的信仰观。生活世界是新时代大学生科学信仰观形成的现实土壤，但以培育科学信仰观为宗旨的生活世界不应该是放任自流的，而应该把体验融入生活世界。教育者要发挥积极性、创造性，选择和利用环境中的积极因素，消除环境中的不利因素。教育者还可以选择具有生活气息的典型事例和榜样人物来感化受教育者，这些选材既要符合信仰培育的目标，也要引起学生对现实情境的触动，产生思想共鸣，进而感悟这些典型事例的价值力量。

第二，教育者精心设计具有人文气息的教育情境。因为科学信仰的超越现实性，因此教育者要把校园环境、自然景观等作为可以体验的信仰教育教材，引导学生进行积极的人文体验，在同这些现实环境的接触中通过想象、感受、领悟等环节，深化对情感、信念等的感悟，进而使灵魂得到净化。教育者还要营造一种美育的教学情境，把美的图画、美的音乐、美的文字等系

---

〔1〕《马克思恩格斯文集》（第1卷），人民出版社2009年版，第504页。

列美学元素渗透到各个环节的教学中，将抽象的理论转化成诗情画意。美育是指教育者利用审美特性对人进行美的塑造的一种教育活动，它主要通过对人的情感感染，调动人的心灵活动，使人在无意中感悟人生真谛、提高精神境界。在这样的美育情境中，大学生在亲身体验中感悟马克思主义信仰同其他信仰形态的区别，进而相信并选择马克思主义信仰。科学信仰培育必须使大学生在现实美育教育情境中体验真、善、美的力量，这种充满情感的教育，不仅可以更好地传播马克思主义理论，还可以增强大学生辨别、抵御各种不良社会思潮的能力。

第三，大学生要积极参加体验。体验是选择信仰、确立信仰的关键环节，个体在参加体验的基础上才能确立科学的信仰观。信仰不可能被强迫，但是可以被感染的，交往是促进彼此感染的重要条件。交往是人的一种必要性的社会活动，大学生处在一个渴求交往的特定时期，教育者要充分发挥学生的这种交往积极性，鼓励学生参与各种课外活动。大学生在这种丰富多彩的交往活动中，自由探索、互换角色和体验情感，在感受生活乐趣的同时，也获得了真实情感。这种教育情境活动能够促使大学生体验情感，相互感染，进而促进信仰情感的牢固。同时，大学生相互之间的思想共鸣会产生愉悦感、兴奋感，彼此之间因为交往体验获得心理支持，进而深化了对马克思主义的认识。

情感陶冶法具有特定的形式，需要教育者根据具体的教育情境加以选择。情感陶冶侧重感悟，可以体现为感受、体验、感化等。人类的信仰教育活动同情感有着天然的联系，信仰培育过程涉及信仰情感的养成过程。情感陶冶法的关键是教育情境的设计，要以调动大学生的感悟能力为目的，教育者要加强引导，学生要增强自我体验意识，在不断体验中感悟信仰的魅力。教育者要积极探索多样化的情感陶冶形式。第一，以境育情，意指教育者有目的、有计划地利用、选择或者创设具有教育意义的环境因素，对受教育者进行情感陶冶。良好的环境能够使人产生积极健康的情感，而恶劣的环境则无法产生愉悦的情感。第二，以情育情，意指教育者以高尚的道德情操对受教育者进行情感感化。教育者对受教育者真诚无私的关爱，对他们的尊重、理解、信任和支持，是教育者和受教育者情感交融的结合点，是开启受教育者情感之窗的钥匙。第三，以艺育情，意指教育者综合运用文学、美术、音乐、舞蹈等多样化的艺术方法，对受教育者进行情感陶冶。这些生动的艺术形象具有极强的感染力，能够使受教育者动情动容，在潜移默化中受到深刻的情感触动。

教育者要加强对受教育者的心理疏导，这是把握情感体验的关键。由于大学生人生阅历、理解水平的不同，对教育情境的理解也存在差别。因此，教育者需要根据学生在教育情境中的不同反应，针对学生在情感体验中出现的思想困惑、迷惘纠结等现象，综合运用心理学的疏导方式，把心理安慰、心理疗伤和心理教育结合起来。通过这种心理疏导，对受教育者的思想行为产生一定的影响，促使他们调整心态、恢复心理认知，在情感、认知和态度上发生重要的改变，进而确立起对马克思主义的情感认同。同时，教育者要设身处地地为学生考虑，主动打开学生的心扉，使自己内心真实的情感世界与学生产生思想共鸣，从而达到沟通顺畅和心灵互动。学生受教育者真诚态度的感染，比较容易化解思想上的困惑，进而促进对信仰理论的深入理解。

（二）层次性教育法

分层次进行教育是科学信仰培育的重要方法。它依据信仰教育的目标、教育对象自身的特点，设置不同的教育计划、教育内容，采取不同的教育步骤、教育方式，实现教育对象广泛性与先进性的辩证统一。江泽民指出为了促进思想政治工作的顺利开展，"要注意区分层次，针对不同特点，把先进性的要求同广泛性的要求结合起来，把思想教育同行为规范的培养结合起来。"[1]

坚持层次性教育方法，具有一定的历史必然性和现实需要性。第一，马克思主义理论的教育特点决定了需要开展分层次教育。马克思主义理论的传播经历了一个过程，开始是少数先进分子掌握理论，无产阶级政党创建后，根据革命和建设的实际需要，循序渐进地向全体人民开展马克思主义理论宣传教育。对于科学信仰观的培育，不同层次的群众具有不同的要求。对于无产阶级政党来说，需要运用马克思主义理论武装头脑，坚定共产主义信念。对于一般群众而言，需要掌握马克思主义基本原理、理解党的路线方针政策，自觉服务于社会主义现代化建设。对于群众的理论教育，是马克思主义理论教育广泛性的重要体现。不同的受众对象，决定了科学信仰培育必须实行分

---

〔1〕《江泽民论有中国特色社会主义（专题摘编）》，中央文献出版社 2002 年版，第 408 页。

层次教育的原则，根据科学信仰培育目标，设置不同的教育内容、教育计划，提出不同的要求。第二，大学生成长经历的不同决定了需实行分层次教育。由于成长环境、人生经历的不同，大学生在认知能力、知识水平等方面也存在差异。大学生个人成长的差异性，决定了科学信仰培育必须有针对性地开展。邓小平明确提出："我们在鼓励帮助每个人勤奋努力的同时，仍然不能不承认各个人在成长过程中所表现出来的才能和品德的差异，并且按照这种差异给以区别对待，尽可能使每个人按不同的条件向社会主义和共产主义的总目标前进。"[1]第三，现实生活的多样化决定了需实施分层次教育。由于社会主义经济结构的多重化、思想观念的多样化、利益关系的多元化等，社会生活中因此产生了不同的心理体验。面对这些不同的思想观念，要想有效地开展科学信仰教育，必须区别不同层次，针对不同的受众对象，采用不同形式的教育方法，从而促使教育具有针对性、现实性。

实施层次教育方法，具有明确的要求。一方面，坚持知识的丰富性和思想的深刻性的统一。知识性是指对信仰基本理论的学习和把握，思想性是指因为信仰理论的传授而确立的坚定政治信念、高远社会理想。分层次教育，要严格区分知识的传授与思想的引导。对于一般群众，只是要求掌握基本的理论知识。而对于具有一定理想追求的大学生，必须进行思想性与知识性的教育，使他们在思想上认同并接受马克思主义。对于不同的受众对象，在知识性与思想性的教育上自然提出不同的要求，然而，尽管要求不同，但都必须坚持思想的深刻性和知识的丰富性的统一、理论知识的学习与提升思想境界的统一。另一方面，坚持教育方式的灵活性。由于大学生生活在社会生活多样化、思想文化多元化、人口流动不断加大的新时代，容易产生各种思想困惑。因此，如何有效地对大学生开展科学信仰培育是一个非常复杂的问题。因此，要突破传统的理论教育、实践教育的局限性，充分利用社会上的一切生动事例，通过各种方式，对新时代大学生开展深刻的理论教育，使其增强对社会主义的认同度。

（三）榜样示范法

榜样示范法就是树立先进的典型和榜样，以他们的先进思想、突出事迹

---

〔1〕《邓小平文选》（第2卷），人民出版社1994年版，第106页。

来教育人们，影响人们积极向上，进而提高人们思想认识的一种方法。榜样人物体现时代精神，代表历史发展方向，其事迹具有极强的感染力，可以激励、感召和引导人们努力奋斗，这对于促进社会风气的根本好转、推动社会发展都具有重要的作用。因此，在科学信仰培育工作中，要采用榜样示范法，利用榜样的力量，感召更多的大学生学习马克思主义理论、认同社会主义制度。

榜样示范法在我国具有悠久的历史。在封建社会，为了使封建伦理规范深入人心，内化为人们自觉遵循的行为准则，统治者形成了一套规范化的榜样示范教化方法。统治者通过推选遵守封建伦理纲常的模范，或者为国家做出突出贡献的家族或者个人，进行表彰或者嘉奖，激励人们学习和效仿。中国共产党积累了开展榜样示范法的丰富经验，在革命和建设的不同时期，不断推出系列榜样人物，发挥他们的引领作用，从而促进了科学信仰教育工作的顺利开展。采用榜样示范法进行科学信仰培育工作，具有历史必然性。第一，宣传榜样人物符合事物发展的客观规律。唯物辩证法认为客观事物的发展具有不平衡性，无论从事何种工作，总会有先进和落后的区别。科学信仰培育工作需要在社会实践活动中，不断发现榜样人物，并运用先进事迹引导学生，从而推动科学信仰培育工作的顺利开展。第二，宣传榜样人物是我党从事思想政治工作的一个优良传统。我党历来重视利用榜样人物来推动各项工作的顺利开展。毛泽东对铁人王进喜、张思德、雷锋等人的宣传，有效地改变了人民的精神面貌。在推进改革开放伟大事业的历史过程中，要开展对各行各业榜样人物的宣传教育活动，这对于提高人们的思想认识，增强对社会主义的认同感具有重要的促进作用。第三，榜样人物具有巨大的感召力。榜样的力量是巨大的，确立好的榜样对于新时代大学生是一种直观的教育和现实的引导。榜样人物的先进思想、模范行为是共产主义思想情怀的重要体现，是推动社会主义现代化建设的精神动力。通过对榜样人物的宣传，可以直接反映大学生群体对共产主义思想的新认识，激励其他的大学生严格要求自我、努力学习，积极为社会主义事业贡献力量、造福人民。

榜样示范法具有重要的作用。第一，导向作用。先进典型是时代精神的重要体现，代表着社会发展方向。先进典型如同一面耀眼的旗帜，其先进的思想行为符合社会道德要求，得到社会的高度肯定和赞赏。人们从这些先进典型中深切体会到科学的人生价值、正确的思想认识、科学的信仰体系等，从而明确人生的前进方向。第二，激励作用。典型人物的模范事迹和高尚品德能够鼓励人们积极向上，利用典型人物的言行不断规范自己的行为习惯，督促人们在无人监督的情况下，也以典型人物的行为为参照来调节自己的言行，自觉抵制外界的一切诱惑。第三，感染作用。典型人物的先进事迹、高尚品格和思想境界获得了社会的肯定，能够触动和感染受教育者的心灵，使其产生崇敬、赞美、模仿等思想行为，在这种高尚行为的感染激励下，教育对象会不自觉地认同并模仿。

　　新时代运用榜样教育法对大学生进行科学信仰培育，同统治阶级和中国共产党的榜样示范法有着本质的不同，它以提高大学生的道德素养和科学信仰认知为基础，要遵循一定的要求。第一，善于发现、培养和树立榜样人物。榜样人物是大学生群体中的优秀代表，教育者要经常深入学生，调查研究，及时发现榜样人物，并扩大选择榜样人物的范围；精心培育大学生群体中的榜样人物，不断提高他们的思想认识、文化水平，坚决杜绝骄傲自满情绪产生，使他们积极投身社会实践，在实践活动中确立科学的信仰；精心选择榜样人物，树立的榜样人物必须具有代表性，具有坚实的群众基础。同时，在榜样人物的发现和培养方面需要打破旧的框框，树立新的思想观念。第二，实事求是地宣传榜样人物。宣传榜样人物时，一定要实事求是，事迹真实可靠，评价方法要恰如其分，能够经受住实践的考验。在宣传榜样人物的事迹时，力戒浮夸，更不能有意虚夸事迹。在宣传典型事迹的时候，要多谈事实。大学生具有一定的辨别力和理解力，只要实事求是地呈现榜样人物的先进事迹，大学生自然会肯定并自觉学习。第三，正确认知和评价榜样人物。对榜样人物的宣传，需要营造一种尊重先进、学习先进和赶超先进的良好社会氛围。要充分借鉴我党宣传榜样人物的经验和做法，在对新时代的大学生进行科学信仰培育的过程中，有必要充分发挥榜样人物的示范作用，学习有榜样，行动有赶超，心中有信仰。教育者还要真诚关心和爱护榜样人物。对于有坚定信仰、努力向上的优秀大学生，应该不断加强培养，使他们不断进步。同时，要坚决制止打击榜样人物的错误思想倾向，理直气壮地宣传榜样人物的先进事迹。

　　（四）艺术性教育法

　　科学信仰培育是一门艺术。做好新时代大学生的科学信仰培育工作，不仅要遵循科学信仰培育的客观规律，贯彻科学信仰教育的方针和原则，而且还要探究科学信仰培育的工作艺术。艺术性教育方法理应贯穿科学信仰培育的全过程，是指教育者利用多样化的艺术形象，发挥人格魅力，利用人格感召力实现与教育对象心灵对话的教育方法。马克思主义信仰体现了对人类真善美的永恒追求，而艺术性教育方法则是指创造美、追求美的一种精神活动，美的原则贯穿全过程。在对新时代的大学生进行信仰培育时，要求思想理论工作者根据美的规律艺术性地开展工作，进而到达一个至真至美的境界。艺术性的教育方法具有强大的思想熏陶功能，它利用感人的艺术形象打动学生、感染学生，充分调动学生的激情，使学生在潜移默化中能够辨别是非，自觉趋善避恶并确立科学的信仰观。科学信仰培育过程本身蕴含着美的因素，这也决定了采用艺术性教育方法的重要性，"艺术是人类独有的表达思想与情感的形式，艺术的产生和发展、鉴赏与接受，从本质上说是为了满足人们的审美需要。"〔1〕

古今中外的教育者对"文艺载德"和"文艺育德"的倡导，为实施科学信仰培育工作提供了经验教训。中国古代的儒家学派视艺术为道德教化的一种方法。孔子认为道德教育要"至于道，据于德，依于仁，游于艺"。现代著名教育家丰子恺认为艺术教育具有强大的教化功能，艺术教育与思想教育要高度融合在一起。毛泽东认为文艺能够唤起民众的革命意识，激励人们团结奋进。美国政府非常重视艺术教育，在颁布的《艺术教育国家标准》中，把艺术课程视为学校的核心课程。英国也将文学、音乐、摄影等视为对国民进行道德教育的重要方法。中外道德教育实践表明，只有把艺术教育融入道德教育全过程，才能增强教育的实效性。

艺术性的方法贯穿于科学信仰培育的全过程。思想政治工作者对新时代大学生进行信仰教育的过程，就是科学因素和艺术因素相互影响、彼此融合的一个动态发展过程。科学信仰教育的各个环节都渗透着艺术性的教育方法。科学信仰教育的工作艺术具有多样性，主要包括说理艺术、激励艺术、沟通艺术、语言艺术，等等，在实际的科学信仰教育活动中，综合运用这些工作艺术，有助于实现科学信仰培育的目标。

第一，语言艺术的运用增强了科学信仰培育的实效性。语言是人们表情

---

〔1〕 林少雄编：《新编艺术概论》，复旦大学出版社 2007 年版，第 21 页。

达意、交流沟通的重要工具，科学信仰培育也需要运用语言。苏霍姆林斯基认为："语言是一种最精细、最锐利的工具，我们的教师应当善于利用它去启迪学生们的心扉。"[1]语言运用的效果，直接关系科学信仰培育的实效，教育工作者一定要提高语言运用的艺术性。

在运用语言艺术进行科学信仰培育时，要求具体明确。一是运用通俗化的语言宣传信仰的基本理论。列宁认为理论宣传："社会民主党人应当善于用简单、明了、群众易懂的语言讲话，坚决抛弃难懂的术语，外来语，背得烂熟的、现成的但是群众还不懂、还不熟悉的口号，决定和结论等一系列重炮。在解释社会主义问题和当前俄国革命问题时，要善于运用掌握的事实和数字，不要讲空话，不要讲大话。"[2]列宁运用通俗化的语言宣传革命理论，为更好地运用语言艺术提供了思想启迪。教育者在实施信仰教育的过程中，需要运用通俗易懂的语言阐释信仰的基本理论，坚决反对运用晦涩的语言进行纯粹的说教。二是运用科学性的语言阐述信仰的基本内容。信仰的科学性决定需要运用科学性的语言去阐释。科学性就是指语言的真实性、准确性和全面性。运用真实性语言是指要以事实为基础，不能凭教育者的主观臆断，要真实反映信仰的发展历程。运用准确性的语言是指要选择恰当的语言，确切使用概念和术语，避免使用可能伤害受教育者自尊心的语言。教育者还要注意语气语调，控制自我情绪，反对强硬的语气、硬性的说教。运用全面性的语言指实事求是地阐述完整的信仰理论，全面地进行说理说教，反对片面阐述信仰理论。三是运用形象生动的语言宣传马克思主义信仰。信仰是人精神领域深层次的东西，具有深刻性。要使新时代的大学生信仰马克思主义，必须运用形象生动的语言详细阐释信仰基本理论，生动地展示理论的深奥性。四是运用启发性的语言阐述信仰的基本理论。教育者要充分影响受教育者的思想，需要运用具有启发意义的语言，教育者通过巧用事例、善用经典和运用对比等方法，可以产生良好的效果。同时，教育者也可以使用名言警句、谚语格言等来强化对信仰基本理论的阐述功能，使大学生对信仰的理解更为深刻。

善于运用多样化的语言展示教育者的人格魅力。由于科学信仰培育是一

---

〔1〕 [苏] B. A. 苏霍姆林斯基著，蔡汀译：《怎样培养真正的人》，教育科学出版社 1992 年版，第 4 页。

〔2〕《列宁全集》（第 14 卷），人民出版社 1988 年版，第 89 页。

个长期的系统工程，由于教育者的思想认识水平、知识结构的差异性，因此，思想政治工作者要选择适当时机，对不同的教育对象使用不同风格的语言，以增强教育的针对性。

第二，激励艺术的运用增强了科学信仰培育的效果。教育的艺术不在于硬性地传授知识，而在于激励、唤醒和鼓舞，促使人积极上进。教育者只有掌握激励艺术，才能增强工作的实效性。

运用情感激励，提高科学信仰教育的渗透性。人只有在愉悦的情感体验中，才能充分调动工作的积极性。感情虽然是无形的东西，但却能产生更为深刻的激励作用。新时代的大学生社会经验不甚丰富，对信仰选择充满困惑，这就决定了科学信仰培育要加强感情沟通，正确进行思想引导，进而达到情感化人的目的。在实际的科学信仰培育过程中，不仅需要正确的方式方法，还需要投入真诚的情感，把情感因素贯穿其中，真诚关心大学生，深入大学生的内心深处，不断陶冶大学生的情感。托尔斯泰认为："艺术源于一个人为了把自己体验到的情感传染给别人，于是就在自己心里重新唤起这种情感，并用某种外在的标志表现出来。"[1]在实际的科学信仰培育过程中，教育者要充分调动感情的力量，根据新时代大学生的身心特点、接受能力，循序善诱地进行科学信仰理论的宣传引导，进而增强大学生对科学信仰本质的理解。广大教育工作者要带着感情去工作，在实际的教育过程中做到情景交融，才能产生巨大的能量。

运用目标激励，增强科学信仰教育的实效性。设计适当的目标，能够激发人的进取心，调动人的工作积极性。人的行为都具有一定的目的性，都是为了达到某一既定目标，因此目标的实现需要人们发挥激励作用。目标具有一定的价值性，价值越大，社会意义就越深远，就越能够激励人、鼓舞人。经过努力可以实现既定目标的可能性越大，人们就会愈加努力，目标的激励作用也会愈加明显。在科学信仰培育过程中，教育者的目标设置要切合实际，既不能设置过高的目标，使人们难以企及，又不能设置过低的目标，人们可以轻松地实现。教育者设置的目标要同大学生的思想实际、精神状态和动机密切联系，能够鼓舞受教育者，激励受教育者努力实现既定目标。

运用行为激励，促进科学信仰培育工作的顺利开展。教育者的行为是一

---

[1]［俄罗斯］托尔斯泰著，熊一丹译：《托尔斯泰论文艺》，金城出版社2011年版，第44页。

种无声的命令，起到巨大的激励作用。教育者的思想境界、工作态度和信仰养成能够激励群众、感染群众，而教育者的不当行为，则会挫伤受教育者的积极性。教育者要转变工作作风，做出行为表率，能够影响受教育者，进而达到良好的教育效果。教育者要坚持民主理念、平等原则，尊重和相信受教育者，充分调动受教育者学习信仰理论的积极性。当受教育者做出成绩时，教育者要给予充分的肯定和适当的鼓励，这种表扬在一定程度上可以产生巨大的激励作用。

第三，沟通艺术的运用促进了信仰培育目标的实现。沟通是人与人之间交流感情、传达思想和互换信息的过程，沟通艺术在信仰培育过程中的运用，主要是指教育者和受教育者双方的情感互动、双向交流。沟通有助于缩小双方的角色差距，有效弥补思想隔阂，增进双方的理解和信任。沟通可以使教育者和受教育者产生共同的心理基础，容易形成共同目标。

坚持原则性与灵活性的统一。在科学信仰培育工作中要坚持原则性，指的是沟通要坚持党性原则。所谓党性，一般是指信仰培育要坚持正确的政治方向，坚持四项基本原则。同时，沟通方式也要体现党性原则，在保持原则规范的前提下，教育者要同受教育者有进行激烈的思想交锋，达成默契，进而形成具有共产主义情怀的同志关系。沟通的灵活性主要是指沟通的方法、技巧，它要求教育者根据不同对象的实际情况，灵活运用沟通技巧，使各种教育内容能被受教育者所理解、接受。要积极营造促进沟通的良好氛围，寻找能够激发双方感情共融的促发点，教育者要善于聆听、换位思考。

坚持平等性与主导性的统一。沟通的平等性指沟通双方地位平等，互相尊重彼此的人格、情感。沟通是双方互相交流的活动，教育者和受教育者都是独立的个体，平等进行交流。教育者如果没有可供交流的受教育者，那么信息的传递和收集将成为无源之水。而受教育者对信息真实性的把握，对教育者所传递的信息的理解、领悟和感受，都取决于双方是否有平等的地位，特别是教育者对受教育者的人格尊重和情感认同。沟通的主导性是指教育者对沟通内容、沟通速度、沟通技巧的把握和控制，使沟通交流朝着预期方向发展，最终达到沟通目的。教育者坚持对沟通进程的控制引导，是保障沟通顺利进行的需要。没有教育者的控制引导活动，沟通方向有可能发生偏离。在实际的科学信仰培育过程中，教育者要坚持平等性和主导性的密切结合，这就要求教育者不仅要发挥自身的引导作用，还要激发受教育者的积极性，使之主动配合自己开展真诚的沟通交流活动。在这样轻松愉快的氛围中，受教育者进一步感悟了信仰的基本理论，进而能够把握科学信仰的实质。

综合运用各种艺术性的教育方式，形成教育合力。每一种艺术性教育方法都具有特定的条件、范围，思想政治工作者要综合运用这些方法，使之相互促进、互相影响，从而达到最佳效果。恩格斯指出："许多人协作，许多力量融合为一个总的力量，用马克思的话来说，就产生'新的力量'，这种力量和它的单个力量的总和有本质的差别。"[1]在运用这些艺术性教育方式时，要促进彼此之间的协调，使之协同发挥作用，并形成巨大的教育合力。以戏曲、舞蹈、小品、音乐、美术、电视剧等生动有趣的艺术手方法展示信仰培育的全过程，以歌动情，以诗激情，以画激趣，以剧促思。同样，也可以借助现代多媒体技术营造具有感染力的科学信仰教育情景。

三、不断拓展科学信仰培育的渠道

顺利推进新时代大学生的科学信仰培育工作，需要构建良好的信仰培育环境，完善信仰教育的方式方法，还要不断拓展信仰培育的渠道。在这样一个开放、多元的信息社会，经济全球化的发展把人们纳入了世界大舞台。在这样一个急剧变革的社会，面对信仰多元化的现象，新时代的大学生容易呈现出信仰迷茫现象。因此，思想政治工作者必须不断拓展信仰培育的渠道，强化人文关怀的方法，加强信息化的方法，发展生态方法，使新时代的大学生在掌握马克思主义基本理论的基础上，坚定共产主义信念。

（一）强化人文关怀的方法

人文关怀是一个理论渊源深厚、思想内涵丰富的理论范畴。"人文"一词最早出现在《周易·贲卦·象传》："文明以止，人文也。观乎人文，以察时变。观乎人文，以化成天下。"[2]这里指观察天文情况，借以了解人类文化生活状况，从而有助于实施教化，促进社会繁荣昌盛。西方的人文主义侧重对人本身的重视，着眼于对人性的思考，注重人的价值、人的存在和人的意义，注重对人的情感慰藉、灵魂沟通。科学信仰培育中的人文关怀方法，以尊重人的主体地位为基础，以培育人的科学信仰观为目标，增强人的主体意识和

---

〔1〕《马克思恩格斯选集》（第3卷），人民出版社1995年版，第469页。

〔2〕梁海明译注：《易经》，山西古籍出版社1999年版，第75页。

主观能动性，进而促进科学信仰培育工作的顺利开展。

新时代科学信仰培育人文关怀方法的根本指导思想是以人为本，就是以大学生为本，以满足大学生的心理需要、发展目标为出发点，真诚关心、理解和尊重他们。要把大学生作为一个具有独立人格、价值尊严的个体，真心为大学生的发展服务。一方面，增强大学生适应社会现实生活的能力。随着社会经济的发展、社会阶层的分化，青年群体呈现出各种问题，主要包括心理问题、学业问题、人际交往问题等，这就需要教育者运用人文关怀方法为青年学生提供心灵抚慰，帮助青年学生提高适应现实环境的能力，走出思想困惑。同时，还要为大学生提供心理咨询服务，认真聆听他们的倾诉、共同分担痛苦和欢乐，寻找行之有效的解决思想困惑的方法，为大学生提供最为满意的服务。另一方面，满足教育对象的个性要求。大学生因为人生经历不同，每个人对环境的适应性以及心理调适能力不同，教育者要根据教育对象的实际情况制订不同的方案，加强针对性，使教育对象都能受到良好的教育。

新时代大学生科学信仰培育人文关怀方法要遵循一定的原则、满足一定的条件，主要体现如下：第一，平等原则。平等原则是指教育者和教育对象的人格、地位的平等。随着社会的发展变迁，新时代大学生生长在充满多元价值冲突的社会环境中，民主平等意识、自我发展意识、自尊自强意识越来越强烈，原来硬性灌输、机械规划大学生思想行为的做法已经很难促进信仰培育目标的实现，容易引起大学生的反感。因此，教育者要贯彻平等化思想，加强对教育对象的人文关怀，通过解决大学生的实际问题，关心他们在恋爱、交友、就业等方面的具体问题，改变教育者旧有的价值理念，真诚关心和帮助大学生，进而实现教育者和受教育者地位的完全平等。教育者要从大学生的实际需要出发，认真解决他们的思想问题和生活问题，以尊重人、关心人为根本理念，把信仰培育融入解决实际问题之中，促进两者的融合发展。从这种意义上讲，教育者与教育对象是一种平等的关系，教育者真诚关心受教育者的成长和发展。第二，尊重理念。尊重是教育者对受教育者在真诚关心的情感基础上产生的，它是人与生俱来渴望的一种被认可、认同和吸纳的一种社会化情感。教育者要设身处地为受教育者着想，理解受教育者的心理感受、思想状况，进而体现尊重理念。在科学信仰培育过程中，人文关怀方法的尊重理念主要是指尊重受教育者的人格，了解他们的心理需求、情感需要和发展诉求，帮助受教育者获得自主意识，走出思想困境，进而获得对信仰的理性认识。第三，服务意识。服务意识指教育者通过寻找适宜的方法，为受教育者的身心健康发展提供全方位的帮助和支持，以促进教育对象更好地适应学校生活、社会发展，进而解决各种思想困惑。在我国，科学信仰培育属于思想教育工作的重要组成部分，也为社会发展服务，"思想政治教育是指一定的阶级、政党、社会群体用一定的思想观念、政治观点、道德规范，对其成员施加有目的、有计划、有组织的影响，使他们形成符合一定社会、一定阶级所需要的思想品德的社会实践活动。"[1]思想政治工作者在对大学生进行科学信仰培育的过程中，要以党的路线方针政策为依据，为国家发展、民族振兴服务。同时，教育者也要为个体的人生发展服务，这就要求教育者从教育对象的实际需要出发，以培育教育对象的科学信仰观为目标，通过专业化的帮助，使教育对象摆脱各种困扰，进而健康成长。

新时代科学信仰培育工作的人文关怀方法具有多种形式，包括对教育对象的思想关怀、心理危机干预、社会服务等，教育者有时会综合采用这些方法，以促进信仰基本理论的传播发展。第一，思想关怀方法的采用，解决了教育对象的思想困惑。思想关怀主要指教育者通过运用心理学知识、专业理论，寻找解决受教育者思想困惑的一种方法。教育者对教育对象的思想关怀，可以通过现场咨询、电话咨询、微信交流等形式，使教育对象宣泄情绪，克服心理障碍，培育良好的心理品质，进而解除思想困惑。为了更好地对教育对象开展思想交流，教育者要具备扎实的专业知识，对教育对象要热情真诚，同时注意疏导教育对象的不良情绪。只有教育者真诚关心教育对象，尊重其合理要求，其思想上的困惑才能真正消除。第二，心理危机干预法的运用，增进了教育者与教育对象的理解和沟通。心理危机干预法指教育者对教育对象，因为遭遇突发事故或者危机导致的个体情感、行为和认知混乱，而采取的一系列干预的手段、方法的总和。教育者要采用多种危机干预方法，为教育对象提供心理知识辅导、心理健康服务，同时，也可以采用团体辅导形式，团体辅导"在于培养人的信任感和归属感，由对团体的信任到信任周围其他人，由对团体的归属感扩大到对学校、社会及国家的认同感和归属感。"[2]第三，社会服务工作方法的运用，增强了教育对象对社会的适应能力。社会服

〔1〕 张耀灿等：《现代思想政治教育学》，人民出版社2001年版，第6页。
〔2〕 樊富珉："SARS危机干预与心理辅导模式初探"，载《中国心理卫生杂志》2003年第9期。

务工作方法，是指运用社会工作方法帮助和关怀教育对象的生存和发展问题。教育者可以组织专业的社会工作者运用专业知识，为教育对象提供物质或情感方面的支持与帮助，帮助教育对象解除思想困惑，进而达到教育对象与社会的协调发展状态。一方面，教育者设置专门的社会工作组织，如咨询室、倾诉室等组织或者机构，给予受教育者充分的心理服务，提供个性化指导，对大学生的家庭问题、情感问题、人际交往等问题提供专门服务。另一方面，为教育对象提供免费的心理疗伤，帮助解决各种困难。对于因为心理障碍或者家庭经济困难的教育对象给予真诚的关怀，协助解决各种困难。通过电话、走访等形式深入了解教育对象，帮助其形成科学的人生态度，增强对社会的理性认识，使教育对象养成乐观向上的精神风貌。在整个过程中，教育者都要遵循保密原则，执行严格的程序。

（二）加强信息化的方法

顺应信息网络技术的蓬勃发展态势，在科学信仰培育的过程中，加强信息化的方法是增强教育实效性的时代必然。信息技术源于计算机、互联网和各种新媒体技术的发展，在思想政治教育系统中，信息是人们思想活动的重要体现，主要表现人的思想运动状况、变化发展趋势，以及对这种运动变化方式的感受、描述。科学信仰培育过程就是一种信息的传递和接受过程，必然经历一个复杂曲折的思想斗争过程，"指人的思想信息的结构平衡完全打破，连续性被破坏，思想矛盾斗争较为频繁的状态。"[1]

学术界早已关注思想政治教育信息方法，对思想政治教育信息的获取方法、分析方法已经有了专门的研究。刘新庚明确阐述："现代思想政治教育信息方法是教育者运用信息论的观点，把现代思想政治教育系统看作是借助于信息的获取、传递、加工和处理而实现其有目的性运动的一种教育方法。"[2]所谓信息化方法，是以信息论为理论基础，促进信息论在思想政治教育领域的有效运用，以及开展的系列理论研究和实践活动的方法论体系。它具有一些特征。第一，高技术性。科学信仰教育信息化方法的高技术性，主要是指这一方法的理论依据是现代信息论，采用现代信息科学技术，是现代科学和技术的高度结合，相比传统的思想道德教育方法，它更加依赖人工智能的技

〔1〕　刘新庚：《现代思想政治教育方法论》，人民出版社2008年版，第61页。
〔2〕　刘新庚：《现代思想政治教育方法论》，人民出版社2008年版，第61页。

术发展、技术支持。第二，虚拟性。科学信仰培育信息化方法与传统思想道德教育方法的直接面对面的交流不同，侧重于虚拟空间的交往，这种隐匿性的特征使得教育者和教育对象都是特定的虚拟符号的代表，容易产生虚妄、不真实的心理。随着网络实名制的要求，人们在虚拟的网络空间中必须具有高度的责任感，对自己的言行负责任。第三，丰富的情感表达方式。科学信仰培育信息化方法通过网络快速传递，具有丰富、便利和快速的特征，因此更能表达丰富的情感情绪。教育者与教育对象在线交流时，可以通过网络技术设定各种表情包、表情符号，表达双方丰富的情感世界，同时也可以通过网络语言，表达更为直接的情感，营造一种愉快轻松的氛围。

为了加强新时代科学信仰培育的信息方法，增强信仰培育的效果，教育者需要立足网络，采用网络新型技术实施科学信仰教育活动，利用信息的快速便捷性，动态考察大学生科学信仰培育的实际状况。

一方面，积极探索网络传播系统方法。教育者要运用互联网作为信息的传播载体或者手段，宣传马克思主义，培育大学生科学的信仰观。主要包括设置网络信息资源库、网络隐藏教育法以及网络在线教育法等。

教育者设置网络信息资源库。利用互联网的强大存储功能，教育者需要设置丰富的信息资源库，"是指通过建立网上思想政治教育信息资源库来达到网络思想政治教育目的的一种方法。"[1]教育者利用互联网具有的信息传播、信息储存功能，批量下载大量信息资源，通过建立这种强大的网上信息资源库，供教育对象随时下载和学习。根据科学信仰培育的不同内容，设置马克思主义信仰理论库、道德信仰理论库、法律信仰理论库等，这些网络信息资源库的建立，为新时代的大学生搭建了一个交流信息的平台，为信仰基本理论的传播提供了强大的阵地。

教育者实施网络信息隐藏教育法。适应互联网的虚拟性特点，教育者可以把各种信息渗透到互联网之中，使教育对象随时随地下载各种资源，并在浏览学习的过程中受到深刻的教育，从而实现科学信仰培育的目标。因为互联网具有的虚拟性，以及网名可以匿名的便利性，教育对象在互联网上始终处于放松自由的状态，心理始终处于没有压力的状态，更容易接受思想观念，这就为网络信息隐匿教育法提供了良好的社会心理基础。为了促进信仰理论

---

〔1〕 宋元林："网络思想政治教育方法体系的构建"，载《思想政治工作研究》2009 年第 2 期。

的广泛传播，教育者把海量教育信息隐匿在一些论坛、博客、微信公众号、广告甚至游戏之中，使教育对象在轻松娱乐之中感受信仰理论的魅力，从而增强信仰培育的实效性。网络信息隐藏教育法的实施，改变了传统的说教式方法，成为一种高效便捷的信息传播教育方法。当然，为了更好地实施网络信息隐藏教育法，教育者需要一些互联网专业人士的指导。

教育者实行网络在线教育法。适应网络的便捷性特征，网络在线教育法是指教育者通过网络对教育对象实施教育的一种方法。教育者可以通过网上授课、网上讨论、网上对话、网上答疑等进行信仰理论的宣传，这种教育方式打破了时空界限，使教育对象更加广泛化。教育者可以根据自身的需要选择这种便捷的教育方式，也可以同时面对不同区域、不同民族的教育对象，实现交互式的信息交流与思想沟通，这是一种具有广泛性的交互性学习方式，对受教育者的影响更为直接。

另一方面，强化大众传媒的传播作用。大众传媒是以大众传播媒介为载体，向广大民众传播各种信息，使其在接受信息的同时受到思想教育。大众传媒包括报刊、书籍、电视等传统媒介，还包括互联网等新兴媒介。大众传媒承担传播者和受众者之间的信息沟通和交流的责任，它以特定的信息传播模式构建了一个更加开放的社会场景。大众传媒为新时代大学生信仰培育提供了先进的技术手段，对其思想观念、行为方式产生了深刻影响。面对西方发达国家利用大众传媒进行文化输出的现实，我们要清醒地认识到机遇和挑战，坚持互惠互利、合作共赢的原则。为了优化大众传媒环境，思想政治工作者应不断探索方式方法，实现与科学信仰培育工作的良好契合。

一是运用先进的意识形态占领大众传媒。马克思在《共产党宣言》中这样阐述："共产党一分钟也不忽略教育工人尽可能明确地意识到资产阶级和无产阶级的敌对的对立。"[1]列宁也鲜明阐述："或者是资产阶级的思想体系，或者是社会主义的思想体系。"[2]意识形态领域存在马克思主义、非马克思主义、反马克思主义等，因此，需要思想政治工作者积极探寻科学信仰培育与大众传媒的契合点，开辟科学信仰培育的新阵地。面对社会转型期的信仰危机，教育者理应正确处理人与社会、人与自然的矛盾，为受教育者提供正确

---

〔1〕《马克思恩格斯选集》（第 1 卷），人民出版社 2012 年版，第 434 页。

〔2〕《列宁专题文集　论无产阶级政党》，人民出版社 2009 年版，第 85 页。

的价值导向。随着我国大众传媒的飞速发展，中国的网民数量急剧增长。高等院校中出现了大量网站，各种信息在网络间也广泛传播。为了更好地发挥大众传媒的重要作用，教育者需要设置信仰教育专栏和专题网站，不断宣传革命英雄的信仰故事，引导大学生关注信仰话题，进而使马克思主义牢固占据意识形态领域。

二是运用生动活泼的形式传递主流价值观念。传统媒体通常会采用娱乐性节目传递信息，阻碍了大众对信息的理解力和接受度。为了促进社会主流意识形态的传播，大众传媒理应改变娱乐性节目过多的现象，运用生动活泼的宣传方式。适当增加宣传共产主义信仰的故事片、反映革命英雄先进事迹的经典片，宣扬反映新时代典型人物先进事迹的纪录片，增加对革命英雄后代的访谈节目。通过这些生动多样的宣传方式，促使新时代的大学生对科学信仰的理解更为深刻，引起大学生的思想共鸣，进而确立科学的信仰观。

三是严格监管大众传媒。青少年是新时代网民中的主体，为了消除不良信息对青年大学生的不良影响，要加强网络立法建设。加强对 BBS、聊天室的监控，取消发布不良信息的论坛或网站。美国政府要求电视必须安装能够自动过滤充满色情内容的装置，颁布《正当通信法案》和《儿童在线保护法案》等，严厉禁止播放色情内容。由于各种不良信息会占据网络空间，对青少年的身心健康带来不良影响。因此，国家要出台一些相关的法律法规，加强对大众传媒的监管。

大众传媒对新时代大学生科学信仰培育具有重要的影响作用。随着经济全球化的发展，每个人都会不自觉地融入世界经济体系，也都会在无形中感受信息带来的便捷，因此，大众传媒对民众的影响也最为直接、具体。尤其是互联网的普及，使大众传媒对大学生科学信仰观的确立发挥着愈加深刻的影响。思想政治工作者应当充分利用大众传媒，不断宣传社会主流意识形态，从而把科学信仰培育工作落到实处。

（三）不断发展生态方法

随着生态文明建设的深入发展，人与人、人与自然、人与社会和谐共存的生态理念日益深入人心。新时代科学信仰培育工作需要在借鉴生态理论的基础上，不断发展生态方法，进而推动科学信仰培育工作不断深入发展。

　　生态方法体现了对生态世界观的运用，"生态理念就是以和谐、平等、综合和有机关联的世界观和方法论来认识世界、改造世界的价值理念。"[1]生态方法强调了世界的整体性，世界各个组成部分的和谐统一性，并"强调人和自然之间有机统一的关系，科学活动是人在自然的内部进行的人与自然的对话，而不是在自然之外对自然的描述。"[2]科学信仰培育中的生态方法，是指运用生态学的观点和原则来指导信仰培育的社会实践活动，以促进大学生确立科学的信仰观为目标。

　　科学信仰培育过程运用生态方法，在于科学信仰培育具有生态性，可以通过与环境进行信息交流、物质转换，促进各个要素之间均衡发展，进而使科学信仰系统得以持续发展。科学信仰培育工作生态方法的运用，一方面，体现对系统性原理的灵活运用。科学信仰培育工作中的系统性，是指与科学信仰培育相联系的一切因素以及相互作用、互相影响而构成的有机统一体。科学信仰培育是一个整体系统，"系统在要素与要素的相关性中产生出高于要素的整体性或系统质，因而整体的功能和性质不能还原为要素的功能和性质。"[3]这需要从整体性视域出发理性思考科学信仰培育全过程，分析与其他要素的有机联系，不断丰富科学信仰理论体系，进而推动科学信仰培育工作顺利开展。另一方面，体现对事物相互联系原理的充分运用。科学信仰生态系统内部各要素之间是一种和谐统一、相互影响、互相统一的关系，各要素都不是孤立存在的，而是在联系中生存，在联系中发展。事物之间相互影响的关系，可以促进科学信仰教育顺利发展、科学理论体系逐步丰富。只有把握系统各要素之间的相互关系，才能促进科学信仰培育系统的不断开放，并推进科学信仰培育系统的不断发展。

　　根据科学信仰培育生态方法的基本原理，立足科学信仰培育的基本规律、主要目标、内容体系等，不断探索新时代科学信仰培育生态方法的主要方式。一方面，探寻科学信仰培育生态系统分析方法。科学信仰培育的生态系统分析方法，主要是指运用生态学的观点系统考察科学信仰培育过程。对教育过

---

　　[1]　薛为昶："生态理念的方法论意义"，载《思想战线》2003年第3期。

　　[2]　薛为昶："超越与建构：生态理念及其方法论意义"，载《东南大学学报》（哲学社会科学版）2003年第4期。

　　[3]　李秀林等主编，李淮春等修订：《辩证唯物主义和历史唯物主义原理》（第五版），中国人民大学出版社2004年版，第290页。

程的生态环境划分具有不同的分类标准，衍生出不同的内容体系。邱柏生认为："依教育过程的生态环境来分，有可分为社会方面（教育目的、内容等）的生态环境、心理方面（学生的动机、情绪、意志、思维等）的生态环境和控制方面（教育者的计划、组织、领导、调整、控制等）的生态环境。"[1] 把科学信仰培育系统看作一个动态的发展体系，社会宏观层面、社会微观层面和社会中观层面都是系统的有机组成部分，不同程度地影响信仰培育活动的开展、实施和效果。要从系统的整体性出发，动态考察各个要素之间的关系，并分析具体的科学信仰培育内容。另一方面，探寻科学信仰培育生态系统认识方法。科学信仰培育的生态系统认识方法，就是指把生态学理论和信仰培育方法密切结合起来，运用整体性思维去分析科学信仰培育各个要素的科学方法。科学信仰培育的生态系统认识方法，是以生态理论为指导，改变传统的思维理念，在科学信仰培育的实践中运用生态理念，进而促进科学信仰培育的教育者实现认识的生态化。科学信仰培育各个要素之间互相联系、相互影响，始终处于系统的和谐共生之中，每一个因素的变化都会影响整个系统的平衡发展，也会对其他因素的发展产生影响。运用生态系统认识方法，教育者要确立整体的思维方式，分析信仰培育系统的属性和功能，以及对系统可能产生的影响。同时，还要分析整体与部分的关系，明晰系统与要素之间的密切联系性，每个要素如果离开了系统，将不能更好地发挥功能和作用，系统如果离开了要素的支撑作用，就不能成其为系统。

四、探索科学信仰培育的载体形式

科学信仰培育是一项教育人的社会实践活动，总是要通过一定的载体才能完成。载体是科学信仰培育的重要推动力量，信仰培育目标的实现，信仰培育任务的完成，信仰培育内容的实施，信仰培育方法的运用，教育主体与教育对象之间的互动，都离不开一定的载体形式。

载体同科学信仰培育过程密切联系，载体在科学信仰培育过程具有重要的地位。一方面，载体是科学信仰培育过程的具体活动形式。科学信仰培育过程的实质是促进科学的信仰理论、信仰观点逐步传播，促使受教育者确立科学的信仰观。科学信仰培育过程实质是一个活动的过程，是信仰教育活动

〔1〕 邱柏生主编：《高校思想政治教育的生态分析》，上海人民出版社 2009 年版，第 2 页。

逐步展开、运行和发展的过程，这些活动的展开需要多种多样的载体形式。载体是科学信仰培育过程的活动形式，这也决定了同一载体可以进行不同内容的教育。科学信仰培育必须借助于一定的载体形式，通过具体的活动进行。科学信仰培育过程就是教育者和受教育者通过一定的载体进行互动，实现科学信仰培育目标的过程。载体是科学信仰培育过程的重要活动形式，没有载体，科学信仰培育过程就无法展现。另一方面，载体是科学信仰培育过程各要素之间相互联系、相互作用的枢纽。科学信仰培育是一个系统，其运行过程是由一系列诸多要素相互联系、相互作用的载体构成的，是教育者和受教育者基于信仰培育目的，借助于一定的方法相互作用的过程。在科学信仰培育的过程中，各个要素之间相互联系、相互制约，并通过一定的形式相联结，而载体就是各要素的联结枢纽。作为科学信仰培育过程各要素的联结点，载体的运行状况直接决定了各要素之间能否较好地相互作用、协调发展。如果载体选择合理且运转良好，则可使各要素之间同向发力，使科学信仰培育工作顺利进行；反之，则会使各要素之间各行其是，科学信仰培育工作也将产生不可避免的混乱。

科学信仰培育载体是客观存在的，但教育者对载体的选择却往往带有主观色彩。科学信仰培育的载体受多重因素的影响和制约，由于客观环境的不断变化，载体形式也将不断变化发展。在科学信仰培育的不同历史时期，载体形式有所不同。在新的时代条件下，需要借鉴信仰培育载体运用的经验教训，在考虑社会阶层结构、经济利益格局变化的基础上，探寻适合大学生身心特点、接受能力的新型载体形式。

（一）文化载体形式

文化具有丰富的内涵，关于文化的定义更是不计其数。马克斯·韦伯指出："文化乃是一些由他自己编织的意义之网。"[1]也有学者认为："文化是指人类社会实践过程中所创造的物质文明和精神文明的总和。"[2]关于文化的定义得到更多人的认可，即文化体现着人类动态的创造过程，以及时代累积起来各种有形和无形成果的总和，"文化不是附加在已经完成进化或最后完成进化的动物身上，而是这种动物自身产生过程中的一部分，而且是中心的组

---

〔1〕　［美］克利福德·格尔茨著，韩莉译：《文化的解释》，译林出版社1999年版，第5页。

〔2〕　朱狄：《艺术的起源》，中国社会科学出版社1982年版，第37页。

成部分。这个缓慢的、持续的、几乎像冰河流动一样的、经过冰川时期的文化发展过程，以在其进化过程中发挥主要的指导性作用的方式改变了进化中的人类所承受的选择性压力的均衡"〔1〕。文化既是一个特定历史时代的产物，也是一个不断发展的动态过程。文化的发展与人类社会实践活动密切相关，文化体现了人对社会的创造过程、改造过程和建设过程。科学信仰培育的文化载体，是指教育者充分利用各种文化产品，将科学信仰培育的丰富内容融于文化建设之中，借以对大学生开展科学信仰教育，以达到确立科学信仰观的目的。因此，教育者要不断挖掘书籍、绘画、音乐、舞蹈等既有的文化产品，发挥其教育功能。对于科学信仰培育的具体过程而言，需要挖掘这些文化产品内蕴的思想、道德和人格因素，充分运用这些因素开展信仰培育工作，以达到育人的目的。文化载体功能的发挥，需要挖掘文化产品的教育因素，引导人们在观赏、学习和品鉴的过程中，接受深刻的信仰理论。同时，教育者还把科学信仰培育的内容渗透到文化载体形式之中，发挥其感染人的功能。丰富多彩的载体形式对人的精神世界的发展具有非常重要的意义，要把科学信仰培育的主要内容渗透到各种载体当中，使载体能够充分感染人、教化人。

文化载体对新时代大学生科学信仰观的确立发挥着重要的功能。一方面，有助于提高科学信仰培育的吸引力和影响力。科学信仰培育工作要想能够真正影响大学生，必须对大学生具有足够的吸引力。文化载体具有形象生动、渗透性强的特点。将科学信仰培育的主要内容寓于各种文化载体之中，将使科学信仰培育更加生动活泼，具有很强的吸引力，容易被大学生接受。那些蕴含丰富的科学信仰教育内容的红色经典影片如《红岩》《林海雪原》等，对人们具有一定的吸引力，可以起到非常好的教育作用。为了突破传统的信仰教育的局限性，提高科学信仰培育的覆盖面，以文化载体为抓手，则可以更好地解决这一问题。由于文化载体的覆盖面广，形式又生动活泼，因此可以在无形中影响到每一位大学生。充分利用文化载体形式，不仅能够较好地扩大科学信仰教育的影响力，还可以促进科学信仰培育目标的实现。另一方面，有利于形成与社会主义现代化建设相契合的科学价值观。随着改革开放政策的实施、社会的巨大变革，人们的价值观也发生了重要的变化。过去的价值观存在诸多问题，与社会主义现代化建设相契合的价值观尚未建立，这也是

〔1〕 ［美］克利福德·格尔茨著，韩莉译：《文化的解释》，译林出版社1999年版，第60页。

科学信仰培育工作需要解决的现实问题。以文化为载体，可以把社会主义所要求的价值观融入各种文化活动之中，人们在参加这些文化活动的过程中，不自觉地受到文化熏陶，进而形成与社会建设协调同步的价值观。

对新时代的大学生进行科学信仰培育工作，需要教育者选取适宜的文化载体形式，促进信仰培育工作有声有色地开展。

第一，不断完善文化市场，大力发展健康的文化产品。改革开放四十多年来，我国文化市场发展迅猛，已经初步形成了一个相对比较完备的文化市场体系。但从总体上看，文化市场还存在一些问题，必须采取系列措施来促进文化市场的完善。其一，政府要积极扶持和弘扬包含时代主旋律的正能量文化产品，给予充分的资金支持，使之占领文化市场，给人们提供高品位的精神文化产品。其二，加强对娱乐性文化市场的监管，采取法律、行政和经济等多种方法，管控娱乐性文化市场，鼓励发展有益群众身心健康的文化娱乐场所，进而丰富人民群众的文化生活。同时，合理引导青年群体选择性地参加有益身心的文化娱乐活动、丰富多彩的群众性文化活动，在提高审美情趣的同时，确立科学的信仰观。其三，制定相关的法律法规，进一步规范文化市场。制定有关文化市场的法律法规，是我国文化市场健康有序发展的重要保障。近年来，国家已经制定了规范文化市场的相关法律法规，但是还存在诸多问题。为了进一步繁荣文化市场，要不断修正、补充已有的法律法规，还要尽快构建促进社会主义文化发展的法律法规，使文化市场的发展真正做到有法可依、有法必依。努力运用法律法规监管文化市场，解决各种文化纠纷，保护合法的文化活动，进而使我国文化市场步入健康的发展轨道。

第二，积极引导文艺工作者创造优秀的文艺作品。在新时代，影视作品、录音录像节目、艺术展览、文化娱乐活动等，对人们产生了广泛的影响。因此，要引导文艺工作者创作出符合时代要求的优秀作品，更好地传递科学的信仰理论，使大学生坚定社会主义信念，增强为民族复兴大业奋斗的使命感和责任感，成为我国文化建设的一项重要议题。改革开放以来，我国文化领域出现了多种思想意识并存交织的局面，在社会主义初级阶段，这种情况有可能长期存在。这就要求文化产品的创作，要代表时代发展方向和社会主义本质要求。邓小平因此指出："我们的社会主义文艺，要通过有血有肉、生动感人的艺术形象，真实地反映丰富的社会生活，反映人们在各种社会关系中的本质，表现时代前进的要求和历史发展的趋势，并且努力用社会主义思想教育人民，给他们以积极进取、奋发图强的精神。"[1]文艺创作要反映人们崇高的精神追求，激励人民群众为社会主义建设不断奋斗，这也是对文艺创作的基本要求。要充分发挥文化的思想教化功能，文艺工作者必须确立精品意识，努力创造出大批的优秀文化产品，"所有文艺工作者，都应当认真钻研、吸收、融化和发展古今中外艺术技巧中一切好的东西，创造出具有民族风格和时代特色的完美的艺术形式。"[2]同时，要引导广大文艺工作者运用优美的艺术形式去展示文艺作品的魅力，进而表现其深刻的思想内容。

第三，加强校园文化建设。校园文化建设对新时代大学生科学信仰观的形成发挥着重要作用，而要更好地发挥其作用，需要努力加强校园文化建设。一方面，充分发挥师生在文化建设中的重要作用。校园文化是高校老师通过不断努力，在教学、科研和管理实践中形成的一种文化样态。要建设好校园文化，必须发扬民主，充分调动广大师生参与校园文化建设的积极性。教师要积极参与校园文化建设，积极指导各种校园文化活动的顺利开展。同时，还要发挥学生在校园文化建设中的主体作用，鼓励学生主动参与各种文化活动、各种社团活动，并充分发挥组织作用。另一方面，健全校园文化设施。建立完备的校园文化设施，是开展校园文化活动的物质条件。学校应加大投资力度，建立健全各种文化设施，如图书馆、校史馆、报告厅等，促进各种丰富的校园文化活动的顺利开展。同时，还要加强对校园文化设施的整体规划，要从陶冶学生情操的角度出发，搞好校园的绿化工作，进而打造一个适宜的校园文化环境。

（二）大众传播载体

大众传播载体是指通过报纸、杂志、书籍、电视、广播、电影、网络等，向数量众多的民众传播信息的过程。在通常意义上，这一过程包括几个方面：一是传播者，即信息的制作者和发布者，或者发布信息的各种机构。二是传播内容，即通常所说的各种信息。三是传播媒介，一般是指传递或者转换信息的各种工具。四是受众，即大众传播媒介的接受者。在科学信仰培育过程中运用大众传播媒介，是指教育者通过大众传播工具向广大群众传播信仰的

---

[1]《邓小平文选》（第2卷），人民出版社1994年版，第210页。
[2]《邓小平文选》（第2卷），人民出版社1994年版，第212页。

基本理论，使人民大众在接受深刻的信仰理论的同时，确立科学的信仰观。在这里，为了更好地传播信仰理论，内容要丰富多彩，形式要生动活泼，能够吸引广大人民群众。

在新的时代条件下，教育者以大众传播为科学信仰培育的有效载体，有着历史必然性和现实可能性。

第一，大众传播的迅猛发展及其日益增强的影响力提供了客观条件。改革开放四十多年来，我国的大众传播获得了长足发展，基本形成了覆盖面比较广、影响力比较强、较为系统完整的大众传播系统。迅速发展的大众传播工具，使国内外的各种信息不仅可以通过文字出版物传播，还可以通过网络迅速传播。经济全球化的发展，使得所有民众都不可避免地深受大众传媒的深刻影响。大众传播的迅速发展为日益社会化的科学信仰培育提供了科技基础，而科学信仰教育受众对象的广泛性决定了必须以大众传播为载体，对大学生进行广泛的宣传教育。如果不充分发挥大众传播的重要作用，科学信仰培育的效果将无法显示。

第二，以大众传播为载体是继承和发扬思想政治教育优良传统的现实需要。通过大众传播对人民群众进行思想政治教育，是思想政治教育的优良传统。马克思恩格斯在利用报刊开展思想政治教育实践活动中，科学阐述了报刊的重要宣传作用："报纸最大的好处，就是它每日都能干预运动，能够成为运动的喉舌，能够反映反映出当前的整个局势，能够使人们和人民的日刊发生不断的、生动活泼的联系。至于杂志，当然就没有这些长处。不过杂志也有杂志的优点，它能够更广泛地研究各种事件，只谈主要的问题。杂志可以详细地科学地研究作为整个政治运动的基础的经济关系。"[1]马克思恩格斯革命的一生伴随创办报刊的实践活动，通过报刊宣传革命理念，对各国人民开展思想政治教育。马克思恩格斯在报刊上发表了大量文献，对工人阶级阶级意识的形成、国际共产主义运动的发展壮大，都发挥着重要的促进作用。列宁也非常重视报刊的宣传、组织和教育作用："合法存在的、以马克思主义思想为指针的俄国报纸，目前已成为向俄国社会民主党工人群众进行党的宣传鼓动工作的一个最重要的公开喉舌。"[2]以列宁为首的布尔什维克党非常注重

----

〔1〕《马克思恩格斯全集》（第10卷），人民出版社1998年版，第115~116页。

〔2〕《列宁全集》（第21卷），人民出版社1992年版，第453页。

通过报刊对人民群众进行社会主义理论的宣传教育，这也是俄国无产阶级思想政治教育的一个鲜明特色。中国共产党也利用大众传播对各阶层人民开展思想政治教育，宣传革命思想。在民主革命时期，我党领导创建了《劳动界》《工人周刊》《劳动者》等，通过报刊宣传马克思主义、党的纲领政策，揭露中国民众遭受的剥削压迫，对于启发各阶层人民的阶级觉悟，调动其革命积极性，都起到了非常重要的作用。在长期的革命和建设过程中，报刊都发挥着宣传引导作用，"就在它能使党的纲领路线，方针政策，工作任务和工作方法，最迅速最广泛地同群众见面"〔1〕。新时代的科学信仰培育工作需要运用大众传播载体，这体现了对党的优良传统的继承和发展。一方面，探索多种形式的大众传播载体，构建有效运用大众传播载体的新格局。随着新时代科学技术的发展，大众传播载体的形式日益多元化，从而使得科学信仰教育工作更加生动有趣，也取得了理想的效果。另一方面，网络宣传逐步构成大众传播的新型载体形式，对于迅速传播信仰理论，扩大信仰理论的影响力，具有非常重要的功能。

第三，以大众传播为载体是更好地发挥大众传播的积极作用，抵制有害信息的时代必然。在新的时代背景下，大众传播为民众提供的信息包含思想、政治和道德等诸多方面的内容，对民众信仰养成产生了重要的影响。然而，由于大众传播本身具有的特点，因此其对人的信仰观养成既有积极影响，也有消极影响。由于我国大众传媒良莠不齐，在丰富人民大众精神生活的同时，也无意带来了一些不良信息。大众传播对爱国主义、社会主义宣传的同时，也存在怀疑社会主义的论调。因此，通过大众传播发挥强大的思想教育功能成为时代的必然趋势。通过报纸杂志、电视广播等丰富多彩的形式，向人民大众宣传社会主义理论、党的路线方针政策，能够帮助其选择有益于确立科学信仰观的良好信息，提高辨别是非的能力，进而有效抵制大众传播中有害因素的影响。

如何有效运用大众传播载体，是新时代做好科学信仰培育工作的重要议题。充分发挥大众传播载体的宣传引导功能，加强对大众传播的建设，促进大众传播在科学信仰培育工作中的有效运用。

第一，大众传播要坚持社会主义方向，以正面宣传为主。以大众传播为

---

〔1〕《毛泽东选集》（第4卷），人民出版社1991年版，第1318页。

载体开展科学信仰培育工作，必须坚持正确的政治导向，保证大众传播始终坚持社会主义方向。江泽民指出："新闻舆论单位一定要把坚定正确的政治方向放在一切工作的首位，坚持正确的舆论导向；新闻舆论工作要紧紧围绕经济建设这个中心，服从和服务于全党全国工作的大局。这在任何时候都不能模糊，不能动摇。"〔1〕这说明了大众传播对思想政治教育的重要性。实践表明，大众传播只有坚持正确的政治方向，科学信仰教育工作才能取得显著成效。党要加强对大众传播的领导，大众传播的各个方面都要符合党的路线方针政策，符合国家的法律法规。只有不断提高党员干部的理论水平和领导能力，大众传播才能被共产党牢牢掌握。同时，大众传播还要坚持以正面宣传为主，选择积极的、反映时代要求的内容，坚持科学的价值导向。邓小平在1980年指出："我们希望报刊上对安定团结的必要性进行更多的思想理论上的解释，这就是说，要大力宣传社会主义的优越性，宣传马克思列宁主义、毛泽东思想的正确性，宣传党的领导、党和人民群众团结一致的威力，宣传社会主义中国的巨大成就和无限前途，宣传为社会主义中国的前途而奋斗是当代青年的最崇高的使命和荣誉。总之，要使我们党的报刊成为全国安定团结的思想上的中心。报刊、广播、电视都要把促进安定团结，提高青年的社会主义觉悟，作为自己的一项经常性的、基本的任务。"〔2〕这一论述对大众传媒在新的历史条件下坚持正确的政治方向提供了根本遵循。

第二，发挥多种大众传播媒体的综合作用，形成全方位的科学信仰培育局面。不同的大众传播媒体具有不同的特点，发挥各自的重要作用。在运用大众传播载体进行科学信仰培育时，应根据信仰培育的不同内容、教育对象的不同特征选择相应的传播载体，进而充分发挥这一传播载体的作用。同时，还要综合运用多种传播载体，营造协同开展科学信仰教育的新局面。一方面，利用大众传媒的多样形式进行科学信仰培育。大众传媒都有具体的形式，例如报纸有理论版、知识版、娱乐版等，电视有新闻节目、娱乐节目、体育节目等，这些不同的传播形式对大众具有一定的吸引力，大众往往会根据自己的需求选择某些形式，主动接受一些信息。宣传部门要注意在大众传播的多种形式中渗透信仰教育的内容，使人们在潜移默化中受到影响，进而确立科

---

〔1〕《江泽民文选》（第1卷），人民出版社2006年版，第564页。

〔2〕《邓小平文选》（第2卷），人民出版社1994年版，第255页。

学的信仰观。另一方面，促进各种大众传媒的相互配合、相互补充，发挥协同作用。文化宣传部门要加强对各种传媒的领导，使不同形式的大众传媒同科学信仰教育保持一致步骤，相互补充、互相协调，进而促进大众传播载体的科学信仰教育功能的实现。

第三，积极引导广大民众积极参与大众传播过程，促进信仰理论的有效传播。大众传播载体作用的实现，需要大众主动参与传播过程。人民大众参与信息的传播，可以更好地满足群众的精神文化需求。我党历来重视人民群众参与创办报刊的工作，毛泽东在1948年指出："我们的报纸也要靠大家来办，靠全体人民群众来办，靠全党来办，而不能只靠少数人关起门来办。"[1]江泽民也重视贯彻"群众办报"的方针，而且根据形势的发展需要不断去实践。我国交通技术、通信技术的发展，为群众参与传播过程创造了技术条件。因此，要采取多种方式调动群众参与大众传播的积极性，进而充分发挥大众传播载体的教育功能。

(三) 仪式礼仪载体

信仰和仪式是紧密联系在一起的，信仰要外化为行为，有时候要通过仪式礼仪才能实现。仪式礼仪是表现信仰内容、展现信仰本质的一种重要形式。仪式礼仪具有一定的象征性意蕴，信仰的基本精神规定了仪式礼仪的具体规则，促进仪式礼仪的更好实施。仪式礼仪可以传承信仰的基本精神，教育对象在这种庄严肃穆的仪式礼仪环境中感受崇高的信仰情感，进而在无形中培育了信仰情怀。多数信仰者往往因为内心真诚的渴望而选择科学信仰，因此他们具有坚定的信念、坚强的意志，不容易被外界干扰。如何更好地开展科学信仰教育，思想政治工作者需要充分利用仪式礼仪载体，促进新时代的大学生在这种具有象征意蕴的载体中感受信仰的独特魅力，进而增强科学信仰培育的实效性。

长期以来，仪式一直被人类学家视为体验情感、获取经验的重要方式，其教育功能并没有被充分挖掘。在科学信仰培育活动中，理应引入仪式礼仪教育，引导新时代的大学生参加各种仪式礼仪活动，在获得情感体验的同时，真正体会马克思主义信仰的独特魅力。

---

〔1〕《毛泽东选集》(第4卷)，人民出版社1991年版，第1319页。

合理借鉴中国传统仪式礼仪资源，使之更好地发挥教育作用。中华传统文化包含丰富的礼仪资源，构成了科学信仰培育工作的重要基础。在开展科学信仰培育活动中，为了更好地挖掘中国传统礼仪资源，一方面，继承中国传统仪式教育思想。提倡中国传统的礼乐教化思想，建构生动活泼的礼仪仪式，并内化在信仰培育活动的全过程。另一方面，借鉴中国古代丰富的仪式教育形式。为了促进科学信仰培育活动的顺利开展，需要合理建构形式多样、结构合理的仪式教育体系。国家层面的封禅大典和祭祀大典，个人层面的婚礼仪式和丧礼仪式等，都是运用仪式教育的典范，对新时代较好运用仪式开展科学信仰培育工作具有一定的启发意义。

深入挖掘仪式礼仪丰富的历史意蕴和文化内涵，助推科学信仰培育活动的深入开展。实践证明，仪式礼仪的形式越生动，对教育对象的影响就愈加深刻。因此，为了有效推动科学信仰培育活动的顺利开展，思想政治工作者需要做出以下努力：一方面，根据仪式蕴藏的丰富内涵，选择性地利用各种仪式形式。在新时代，仪式的教育性在一定程度上被削弱。例如升国旗仪式，许多人并没有认识到这一仪式蕴含的深刻意义。一些学生认为升国旗仪式标志着一段教育历程的开始或者结束，并没有其他意义，从而无法顺利地开展信仰教育。为了顺利实现科学信仰培育目标，要充分挖掘更多具有教育意义、启发感染力的信仰教育仪式。在对大学生进行科学信仰培育的过程中，要设计神圣的仪式形式，营造一种庄严神圣感。另一方面，根据教育对象的思想实际选择适宜的仪式形式。要深入开展调查活动，分析新时代大学生的思想动态、认知水平和理论素养，正确选择适宜的仪式教育形式，使教育对象能够产生情感共鸣，从而确立科学的信仰观。

不断优化和开发新的仪式礼仪形式，是推动科学信仰培育活动顺利开展的现实需要。根据科学信仰培育在高校开展的实际情况，思想政治工作者要积极开发新的仪式礼仪形式，寓抽象的信仰理论于各种仪式礼仪之中，发挥仪式感染和教化的功能，进而促进科学信仰培育目标的实现。

充分利用中国传统节日，挖掘节日的信仰教育意义。习近平认为："要建立和规范一些礼仪制度，组织开展形式多样的纪念庆典活动，传播主流价值，增强人们的认同感和归属感。"[1]中国是一个具有多种节日的多民族国家，56

---

〔1〕　习近平：《习近平谈治国理政》，外文出版社2014年版，第165页。

个民族都有自己的特定节日，中国人民非常喜欢节日，因为在节日里家人才能聚集在一起，表达希望、祝福与信念。新时代的大学生不仅喜欢过中国传统的节日，而且还热衷于各种外国节日，如万圣节、圣诞节、情人节。近年来，许多高校都充分利用各种节日，开展科学信仰培育活动。利用春节、清明节、端午节、中秋节和重阳节等，开展传统文化主题教育活动，利用青年节、建党节、国庆节、"一二·九"运动纪念日等，开展政治主题教育活动。由于深受社会主义市场经济的影响，节日的政治教育意义已经逐渐消弭，取而代之的是消费节和旅游节。因此，思想政治工作者要充分利用承载科学信仰教育意义的青年节、建党节和国庆节等，充分利用这些仪式礼仪，宣传中国共产党的信仰故事和信仰历史，让大学生在感受节日浓厚氛围的同时受到良好的信仰教育。

结 论

　　基于人类超越自我和渴望永生的本性，无论社会如何发展变迁，信仰始终是人类社会的永恒话题和内在需要。信仰不是与生俱来的，而是同人类社会发展紧密联系在一起的。由于信仰对人类社会生存和发展的重要影响，因此，需要对信仰进行积极引导。基于塑造人类灵魂的内在需要、国家民族生存发展的必然，科学信仰培育就具有了存在的价值。一个民族的振兴，需要以民族精神的崛起为基础。一个民族的覆灭，则通常以民族精神的萎靡为标志。在中华民族迈向现代化的历史进程中，需要体现民族精神的信仰力量作为精神支撑和强力助推。培育新时代大学生科学的信仰观，赋予人生真实的存在感和终极的价值感，成为新时代需要解决的重要问题。

　　马克思主义在 19 世纪末传入中国是一种时代的必然，是青年知识分子寻求国家和民族出路的结果。李大钊、陈独秀等人从俄国十月革命胜利中认识到马克思主义的强大精神作用，由此确立起对马克思主义的信仰。马克思主义信仰在中国革命和建设的历史进程中，一直发挥着精神指引作用，它赋予中国人直面困难的勇气、人生砥砺前行的动力。在新时代社会主义市场经济背景下，如何使青年大学生确立马克思主义信仰，构建精神家园，需要高校思想政治工作者确立责任意识，理直气壮地宣传主流思想意识，激发青年学生团结奋进的精神力量。新时代的大学生处于一个复杂多变的社会环境之中，面临经济全球化、信息多样化和文化多元化的严峻形势，其信仰需求也处在一个急需变革的关键时期，因此，培育大学生的科学信仰观是新时代的一项重要议题，也是一个长期的系统工程，需要社会各界协同行动、密切配合。

　　科学信仰培育工作是惠民利民的重要工程，也是思想政治工作者责任使命的重要体现。马克思主义信仰是人类信仰史上的崭新话题，是科学而健全的信仰。科学信仰培育的目标是促进新时代的大学生确立马克思主义信仰，这将有益于国家发展、民族进步和社会主义事业的长远发展。新时代大学生是社会主义建设的主体力量，信仰是新时代大学生的精神动力和力量源泉。只有确立崇高而科学的信仰，才能解决思想政治教育现代化面临的诸多问题。

科学信仰培育面临着历史和现实的严峻挑战。科学信仰培育工作的开展在中国经历了一个长期的历史过程，经历了确立、迷茫、重建以及复兴的几个历史阶段，至今仍处在不断探索之中。从现实因素考虑，科学信仰培育面临着全球化浪潮、多元化社会思潮以及社会转型的多重影响，大学生在这种纷繁复杂的环境下变得迷惘，甚至无所适从，而思想政治工作者也面临信仰迷惘和信仰选择的双重困境。因此，改变信仰培育的方式方法，创新信仰培育的主要内容，是推动科学信仰培育工作顺利开展的重要途径。思想政治工作者要坚持系统性、方向性、主体性和长期性的原则，不断创新信仰培育的方式方法，采用艺术性方法、多层次教育法、情感熏陶法等，并在社会实践中注重各种教育方法的综合运用，力求在潜移默化中培育大学生科学的信仰观。创新信仰培育方式，需要从创新内容体系、创新话语表达等方面开展，积极促进信仰培育内容同现实生活相契合，增强马克思主义信仰的魅力。

增强科学信仰培育的实效性，必须在坚持原有方法的基础上，积极开辟新的渠道。一方面，充分发挥思想政治理论课主渠道作用，把科学信仰培育纳入思想政治理论课的课程体系。另一方面，积极开拓新的载体形式，如仪式礼仪教育、文化载体、大众传播载体，只有这些载体形式紧密配合、互相联系，才能提高科学信仰培育的实效性。

信仰是人类社会永恒的精神追求和不竭的精神动力，也是推进社会主义事业顺利发展的重要精神力量。高校科学信仰培育工作的顺利开展，为社会主义现代化建设培养了大批具有共产主义信仰的优秀人才。加强科学信仰培育是思想政治工作者的重要使命和责任担当，社会各界也要协同配合，为塑造新时代大学生科学的信仰观贡献应有的力量。

REFERENCES

参考文献

一、论著

1. 《马克思恩格斯选集》（1-4卷），人民出版社 2012 年版。

2. 《马克思恩格斯文集》（1—10卷），人民出版社 2009 年版。

3. 《列宁专题文集　论马克思主义》，人民出版社 2009 年版。

4. 《列宁专题文集　论无产阶级政党》，人民出版社 2009 年版。

5. 《毛泽东选集》（1-4卷），人民出版社 1991 年版。

6. 《毛泽东文集》（1-2卷），人民出版社 1993 年版。

7. 《毛泽东文集》（3-5卷），人民出版社 1996 年版。

8. 《毛泽东文集》（6-8卷），人民出版社 1999 年版。

9. 《建国以来毛泽东文稿》（1-11册），中央文献出版社 1996 年版。

10. 《毛泽东传（1893-1949）》，中央文献出版社 1996 年版。

11. 《毛泽东传（1949-1976）》，中央文献出版社 2003 年版。

12. 《邓小平文选》（1-2卷），人民出版社 1994 年版。

13. 《邓小平文选》（3卷），人民出版社 1993 年版。

14. 《邓小平年谱》（上、下卷），中央文献出版社 2004 年版。

15. 《周恩来传》，中央文献出版社 1989 年版。

16. 《马克思　恩格斯　列宁论教育》，人民教育出版社 1993 年版。

17. 《列宁论教育》，人民教育出版社 1979 年版。

18. 《毛泽东同志论教育工作》，人民教育出版社 1958 年版。

19. 《刘少奇论教育》，教育科学出版社 1998 年版。

20. 《邓小平论教育工作》，北京师范大学出版社 1998 年版。

21. 《毛泽东　邓小平　江泽民论思想政治工作》，学习出版社 2000 年版。

22. 《三中全会以来重要文献选编》（上、下），人民出版社 1982 年版。

23. 《十二大以来重要文献选编》（上、中、下），人民出版社 1986、1986、1988 年版。

24. 《十三大以来重要文献选编》（上、中、下），人民出版社 1991、1991、1993 年版。

25. 《十四大以来重要文献选编》（上、中、下），人民出版社 1996、1997、1999 年版。

26. 《十五大以来重要文献选编》（上、中、下），人民出版社 2000、2001、2003 年版。

27. 《十六大以来重要文献选编》（上），中央文献出版社 2005 年版。

28. 《中共十三届四中全会以来历次全国代表大会中央全会重要文献选编》，中央文献出版社 2002 年版。

29. 《〈中共中央　国务院关于进一步加强和改进大学生思想政治教育的意见〉学习辅导读本》，中国人民大学出版社 2005 年版。

30. 《中国共产党新时期历史大事记（1978.12—2002.5）》，中共党史出版社 2002 年版。

31. 《思想政治工作文献选编》，中共中央党校出版社 1989 年版。

32. 《普通高校思想政治教育课程文献选编　1949—2003》，中国人民大学出版社 2003 年版。

33. ［德］费尔巴哈著，荣震华译：《基督教的本质》，商务印书馆 1984 年版。

34. ［德］马克斯·韦伯著，于晓、陈维纲译：《新教伦理与资本主义精神》，生活·读书·新知三联书店 1987 年版。

35. ［法］爱弥尔·涂尔干著，陈金华等译：《道德教育》，上海人民出版社 2006 年版。

36. ［德］雅斯贝尔斯著，周晓亮、宋祖良译：《现时代的人》，社会科学文献出版社 1992 年版。

37. ［美］鲍柯克、汤普森编，龚方震等译：《宗教与意识形态》，四川人民出版社 1992 年版。

38. ［美］丹尼尔·贝尔著，赵一凡等译：《资本主义文化矛盾》，生活·读书·新知三联书店 1989 年版。

39. ［美］塞缪尔·P. 亨廷顿著，王冠华等译：《变化社会中的政治秩序》，生活·读书·新知三联书店 1989 年版。

40. ［英］特里·伊格尔顿著，李杨、任文科、郑义译：《马克思为什么是对的》，新星出版社 2011 年版。

41. ［美］杰拉尔德·古特克著，陈晓端译：《哲学与意识形态视野中的教育》，北京师范大学出版社 2008 年版。

42. ［美］A. H. 马斯洛主编，胡万福等译：《人类价值新论》，河北人民出版社 1988 年版。

43. ［美］埃德加·斯诺著，董乐山译：《西行漫记》，生活·读书·新知三联书店 1979 年版。

44. ［美］斯特伦著，金泽、何其敏译：《人与神：宗教生活的理解》，上海人民出版社 1991 年版。

45. ［美］悉尼·胡克著，金克、徐崇温译：《理性、社会神话和民主》，上海人民出版社 1986 年版。

46. ［苏联］乌格里诺维奇著，沈翼鹏译：《宗教心理学》，社会科学文献出版社 1989 年版。

47. ［英］麦克斯·缪勒著，金泽译：《宗教的起源与发展》，上海人民出版社 1989 年版。

48. ［英］克里斯托弗·道森著，长川某译：《宗教与西方文化的兴起》，四川人民出版社 1989 年版。

49. ［英］斯蒂芬·亨特著，黄剑波等译：《宗教与日常生活》，中央编译出版社 2010 年版。

50. ［英］科林·布朗著，查常平译：《历史与信仰：个人的探询》，生活·读书·新知三联书店 2013 年版。

51. ［埃及］格尔达威著，马云福译：《信仰与人生》，宁夏人民出版 2015 年版。

52. ［法］葛兰言著，汪润译：《中国人的信仰》，哈尔滨出版社 2012 年版。

53. 刘建军：《马克思主义信仰论》，中国人民大学出版社 1998 年版。

54. 刘建军：《追问信仰》，河北人民出版社 1998 年版。

55. 刘建军等：《命运的评说：马克思在当代》，中国人民大学出版社 1994 年版。

56. 刘建军：《守望信仰》，人民出版社 2013 年版。

57. 荆学民：《当代中国社会信仰论》，人民出版社 2008 年版。

58. 荆学民：《人类信仰论》，上海文化出版社 1992 年版。

59. 荆学民：《社会转型与信仰重建》，山西教育出版社 1999 年版。

60. 贺麟：《文化与人生》，商务印书馆 2015 年版。

61. 李德顺：《价值论：一种主体性的研究》，中国人民大学出版社 1987 年版。

62. 李德顺：《价值新论》，中国青年出版社 1993 年版。

63. 李鹏程：《信仰与革命：对 19 世纪上半叶德意志精神世俗化历史的理论考察》，人民出版社 1993 年版。

64. 李素菊：《青年信仰与宗教文化》，东方出版社 2009 年版。

65. 李向平：《信仰但不认同：当代中国信仰的社会学诠释》，社会科学文献出版社 2010 年版。

66. 李鹏程：《当代文化哲学沉思》，人民出版社 1994 年版。

67. 冯天策：《信仰导论》，广西人民出版社 1992 年版。

68. 高清海：《哲学的憧憬：〈形而上学〉的沉思》，吉林大学出版社 1995 年版。

69. 顾伟康：《信仰探幽》，上海教育出版社 1993 年版。

70. 罗荣渠：《现代化新论：世界与中国的现代化进程》，北京大学出版社 1993 年版。

71. 任建东：《道德信仰论》，宗教文化出版社 2004 年版。

72. 檀传宝：《信仰教育与道德教育》，教育科学出版社 1999 年版。

73. 郑承军：《理想信念的引领与建构：当代大学生的社会主义核心价值观研究》，清华大学出版社 2010 年版。

74. 王宵冰主编：《仪式与信仰：当代文化人类学新视野》，民族出版社 2008 年版。

75. 郑永廷等：《社会主义意识形态研究》，中山大学出版社 1999 年版。

76. 俞吾金编著：《意识形态论》，人民出版社 2009 年版。

77. 余一凡：《从马克思到列宁："社会主义意识形态"的确立》，人民出版社 2012 年版。

78. 艾四林、王明初主编：《社会主义主流意识形态与当今中国社会思潮》，人民出版社 2014 年版。

79. 高占祥、王青春：《信仰力》，北京大学出版社 2012 年版。

80. 徐贵相：《信仰改变中国：以思想建党塑造民族精神》，北京联合出版公司 2015 年版。

81. 鞠守勇：《信仰的高度：名家说禅》，华中科技大学出版社 2014 年版。

82. 王向明：《为什么要信仰共产主义》，中国人民大学出版社 2013 年版。

83. 刘道超：《信仰与秩序：广西客家民间信仰研究》，广西师范大学出版社 2009 年版。

84. 郑冬芳：《大学生马克思主义理想信仰研究》，中国社会科学出版社 2015 年版。

85. 刘江波：《信仰的追问》，人民出版社 2013 年版。

86. 张艳涛：《知识与信仰：当代大学生精神世界研究》，中国文史出版社 2014 年版。

87. 中宣部党建杂志社：《信仰的力量：The Power of Faith》，红旗出版社 2016 年版。

88. 黄明理：《马克思主义魅力与信仰研究》，人民出版社 2016 年版。

89. 卓新平：《中国人的宗教信仰》，中国社会科学出版社 2015 年版。

90. 吕大吉主编：《宗教学通论》，中国社会科学出版社 1989 年版。

91. 陶行知：《中国教育改造》，东方出版社 1996 年版。

92. 王宏维：《社会价值：统摄与驱动》，人民出版社 1995 年版。

93. 王树人：《历史的哲学反思：关于〈精神现象学〉的研究》，中国社会科学出版社 1988 年版。

94. 万美荣：《思想政治教育方法发展研究》，中国社会科学出版社 2007 年版。

95. 薛晓阳：《希望德育论》，人民教育出版社 2003 年版。

96. 衣俊卿：《历史与乌托邦——历史哲学：走出传统历史设计之误区》，黑龙江教育出版社 1995 年版。

97. 陈晏清主编：《当代中国社会哲学》，天津人民出版社 1990 年版。

98. 袁贵仁：《价值学引论》，北京师范大学出版社 1991 年版。

99. 张世英：《论黑格尔的精神哲学》，上海人民出版社 1986 年版。

100. 陈晏清主编：《当代中国社会转型论》，山西教育出版社 1998 年版。

101. 卓新平：《"全球化"的宗教与当代中国》，社会科学文献出版社 2008 年版。

102. 吴潜涛、刘建军：《新时期思想政治教育史论》，安徽人民出版社 2004 年版。

103. 郭齐家：《中国教育思想史》，教育科学出版社 1987 年版。

104. 藤大春主编：《外国教育通史》（1-6 卷），山东教育出版社 1989 年版。

105. 项久雨：《思想政治教育价值论》，中国社会科学出版社 2003 年版。

106. 沈壮海：《思想政治教育有效性研究》，武汉大学出版社 2016 年版。

107. 孙其昂等：《思想政治教育现代转型研究》，学习出版社 2015 年版。

108. 林雪原：《高校马克思主义信仰教育研究》，中国社会科学出版社 2013 年版。

109. 胡子克主编：《马克思主义理论教育概论》，人民出版社 2005 年版。

110. 陈华洲：《思想政治教育资源论》，中国社会科学出版社 2007 年版。

111. 邓卓明主编：《高校思想政治教育创新研究：以构建和谐校园为视角》，人民出版社
     2009 年版。

112. 任建东：《道德信仰论》，宗教文化出版社 2004 年版。

二、论文

1. 荆学民："马克思主义与共产主义信仰的理论思考"，载《马克思主义研究》1999 年第
   5 期。

2. 蓝蔚："高校马克思主义信仰教育特征分析"，载《求索》2003 年第 2 期。

3. 华桦："大学生信仰基督教状况调查——以上海部分高校大学生为例"，载《青年研究》
   2008 年第 1 期。

4. 刘建军："信仰教育：马克思主义思想理论教育的本质内容"，载《中国人民大学学报》
   2000 年第 4 期。

5. 刘建军："马克思主义学术视野中的信仰概念"，载《教学与研究》2007 年第 8 期。

6. 刘书林："思想政治教育拓展实践性的基本途径"，载《思想教育研究》2010 年第 9 期。

7. 秦红岭："德育视野中的道德信仰教育"，载《山东省青年管理干部学院学报》2005 年
   第 4 期。

8. 田心铭："简论思想政治教育的目的、培养目标和教育内容——兼评'德育非政治化'
   的观点"，载《思想理论教育导刊》2011 年第 6 期。

9. 王国银："马克思主义信仰教育：高校思想政治教育的当代主题"，载《探索》2000 年
   第 1 期。

10. 佘双好："当代青年大学生信仰的特点及问题分析"，载《学校党建与思想教育》2010
    年第 31 期。

11. 郑克清、常志："'红色信仰'与信仰危机——大学生信仰教育调查"，载《政工研究
    动态》2008 年第 4 期。

12. 张长虹、马福运："当前大学生马克思主义信仰状况的调查分析与对策研究"，载《思

想教育研究》2014 年第 4 期。

13. 林雪原："马克思主义信仰教育者的当代境遇与出路"，载《广东社会科学》2015 年第 2 期。

14. 李涛："'中国梦'视角下的当代大学生信仰教育"，载《教育与职业》2015 年第 14 期。

15. 王晓广、王炳林："共产主义信仰教育要把握好三个关系"，载《思想理论教育导刊》2016 年第 4 期。

16. 邓鹏："论红色文化对大学生马克思主义信仰教育的价值及其应用"，载《思想理论教育导刊》2016 年第 5 期。

17. 万资资："社会主义核心价值观与青年信仰教育"，载《科学社会主义》2017 年第 2 期。

18. 杨艳："信仰供给侧视域下的大学生宗教皈信"，载《当代青年研究》2017 年第 1 期。

19. 徐秦法："马克思主义信仰教育的本质规定及其内在逻辑"，载《马克思主义研究》2018 年第 4 期。

20. 彭美贵："论社会主义核心价值观对青年信仰教育的价值引领"，载《教育探索》2018 年第 1 期。

21. 刘宏宇："'95 后'大学生马克思主义信仰现状及教育策略"，载《学校党建与思想教育》2019 年第 4 期。

22. 林雯："自媒体时代坚定大学生马克思主义信仰教育研究"，载《高教学刊》2019 年第 4 期。

23. 史海生："全球化背景下大学生信仰教育研究"，长沙理工大学 2007 年硕士学位论文。

24. 王冬冬："当代大学生政治信仰教育研究"，西安理工大学 2007 年硕士学位论文。

25. 王健勇："当前我国大学生信仰教育问题探析"，山东师范大学 2009 年硕士学位论文。

26. 王锋："当代大学生的马克思主义信仰问题与对策研究"，吉林农业大学 2011 年硕士学位论文。

27. 萧淳："当代大学生信仰教育问题研究"，河北农业大学 2012 年硕士学位论文。

28. 郁昱："延安时期中国共产党干部信仰教育研究"，长安大学 2013 年硕士学位论文。

29. 佘晗："大学生信仰教育问题研究"，南京航空航天大学 2014 年硕士学位论文。

30. 李杰："加强大学生马克思主义信仰教育的对策研究"，河北师范大学 2015 年硕士学位论文。

31. 郭敏："当代大学生马克思主义信仰教育研究"，成都理工大学 2018 年硕士学位论文。

32. 于洋："新媒体视阈下大学生马克思主义信仰教育研究"，哈尔滨理工大学 2017 年硕士学位论文。

后 记

　　本书是本人近年来对科学信仰问题关注思考的凝结，受江西理工大学资助出版，在此深表谢意！

　　人不能没有信仰，也不能没有精神世界。信仰是精神世界的核心，也是人的精神皈依。人需要一种精神的支撑作用，伴人生的每个征程，求学生涯何不如此？从牙牙学语的孩童，到梦系青春的少年，奋斗追逐的红土高原的青葱时光，总有一种精神的指引，陪我度过孤灯冷夜、悲喜欢合，还我一个亦快乐、亦痛苦的人生真貌。这种冥冥之中的力量，在我有幸投身刘建军教授门下才有了深刻的认知感悟，原来这一切都需要信仰的这种定力作用。感恩我的博士生导师刘建军教授对信仰的孜孜追求和丰硕的学术成果，在中国人民大学攻读博士学位的美好时光，是恩师的引领，让我有勇气试着对信仰问题做一点思索，这种思索从未停止，也将永远继续。

　　江南的小城冬天总是伴着淅淅沥沥的雨，烟雨蒙蒙的意境让我流连忘返。每逢下雨的冬天，我常打伞驻足，思索江南的冬天和干冷的北方的冬天的区别，品味这种季节变换给人的精神影响，我深信，这是信仰的作用，信仰是人生无处不在的常态。今年的冬天常常晴天万里，在没课的午后时光，在冬日的暖阳里，我常手捧马克思主义经典文献，陷入深深的思索，常感伟人的生命力量，反思平凡如草芥我的平庸人生，信仰亦成为我平凡生活里的一杯咖啡、一杯绿茶。

　　相比悠长的人类，个体生命何其卑微而渺小，但越是渺小的个体，越需要精神的支撑，奋斗、梦想和感恩是我微小生命体里一直涌动的元素，它使我有勇气面对人生任何的挫折、困难，并在困难中获取了新的奋斗勇气，并常怀感恩、常念人生。这份力量已经化作我生命里的常态，它伴我走向生命的每一个驿站，晴天还是阴天，因为晴朗明净的心空，内心多了一份笃定和从容。

柳 丽

2019 年 12 月 19 日